KB061642

시행착오,
두려워 말라!

교단 40년을 회고하며

교직 생활을 이제 마무리할 때가 되었다. 40년의 교직 생활이 주마등처럼 뇌리를 스치고 지나간다. 첫 근무지였던 삼일중학교부터 마지막 근무지가 될 여천고까지 기쁨도 있었고, 아픔도 있었다.

40년의 세월 동안, 늘 나를 성찰하고 고쳐가려고 노력하며 살았다. 늘 의미 있는 방법으로 학생들을 가르쳐보기 위해 힘을 쏟았다. 늘 부족함을 느끼고 책을 보며 사색하였다. 그래서 짧은 세월이지만 그동안에도 삶의 가치관이 변해왔고, 교육관도 처음과는 많이 바뀌었다.

돌이켜보니 자랑할 일보다는 감추고 싶은 일이 더 많았다. 그때는 잘하는 일이라 생각하고 열심히 했는데, 지금 생각해보면 부질없이 생각되는 일도 있고, 그렇게 해서는 안 됐다고 생각되는 일도 있다. 학생들과의 사이에서도 그렇고 동료 교사들과의 사이에서도 그렇다.

수없이 많은 제자를 만났지만, 기억력이 나빠서 모두 다 기억하지는 못한다. 하지만 젊은 시절에 만났던 제자들이 최근에 만났던 제자들보다 더 많이 기억된다. 젊음 때문인지, 긴장감 때문인지……. 좋은 기억으로 남아있는 고마운 제자들도 많다. 나를 본받고 싶어 국어 교사가 되었다는 제자도 있다. 기특한 일이다. 물론 나에게 상처를 받은 학생들도 있을 것이다. 속을 썩였던 제자들도 있지만, 나이 들수록 미운 감정은 잊혀간다. 정말이다. 지금은 그 녀석들 생각해보면 그냥 살포시 웃음이 나온다. 더 따뜻하게 잘해줄 걸 그런 미안한 마음도 든다.

지금은 여러 제자와 종종 만나서 식사도 하고, 차도 마시고 그런다. 고마운 제자들이다. 가끔은 술도 한 잔씩 나누며 같이 늙어간다고 농담도 한다. 자기 자녀들의 교육 문제를 상담해오는 제자들도 있다. 그리고, 그 제자들의 자녀를 다시 가르치는 경우도 많다.

그동안 여러 학교를 거치며 만난 선후배 동료 교사들도 떠오른다. 어렴풋이 이름이나 인상만 기억되는 교사도 있지만, 지금까지 학교 밖에서 계속 만나는 교사도 있다. 같이 근무하면서도 겨우 서너 마디 나눠보고 헤어진 그런 동료도 있고, 시간 날 때마다 술잔을 기울이며 교육을 논하고 세상을 논했던 그런 동료도 있다. 전국교직원노동조합(이하 '전교조')이 창립된 이후로는 더 그랬던 것 같다. 전교조는 많은 눈물을 흘리게 했다. 아픔의 눈물도 흘렸고, 희망의 눈물도 흘렸다.

제자들 그리고 동료 교사들과 부대끼며 얽힌 이야기들, 가슴속에 담아두었던 이야기들, 가끔은 누군가에게 남기고 싶은 이야기들, 때로는 목소리 높여 외치고 싶었던 얘기들, 그런 얘기들을 기억을 더듬어 적어보려 한다.

누군가에게 큰 획을 긋기는커녕, 잔잔한 파문도 일으키기 힘들 것을 알면서도 필부의 조그만 욕심을 부려본다.

차례

1교시 | "왜?"라고 묻는 교사, "왜?"라고 묻는 학생

2교시 | 꽃으로도 때리지 말라

3교시 | 민주 교육, 너무 먼 당신

4교시 | 수업 일기

5교시 | 삶을 위한 교육

6교시 | 퇴직의 변

1
교시

"왜?"라고 묻는 교사,
"왜?"라고 묻는 학생

1

“왜?”라는 질문을 던져라

눈이 녹으면 새싹이 돋아난다. 조금 지나면 꽃이 피고, 또 조금 지나면 열매가 맺고, 그리고 빨갛게 노랗게 익어간다. 그 열매를 수확하고 나면 다시 흰 눈이 내리고, 또 새싹이 돋아난다.

역사는 반복된다고 한다. 그러나 똑같이 반복되지는 않는다. 올해 새로 난 새싹은 작년에 났던 새싹과는 다른 새싹이다. 같은 일이 반복되는 듯하면서도 늘 새롭게 변한다.

어떤 날은 희망을 가졌다가, 어떤 날은 절망을 느끼기도 하였다. 기쁜 날도 많았지만, 슬픈 날도 많았다. 내일을 기다리는 날도 있었고, 가슴 졸이는 날도 있었다.

70년대 박정희가 총탄에 쓰러질 때 대학교 3학년생이었고, 5 · 18을 지나, 81년 전두환 정권 때에 교사로서 첫 발령을 받았다. 87년 마침 시내에서 근무 중이었기에 6월 항쟁의 대열에 끼어들었고, 전국교직원노동조합(당시 전교협)에도 끼어들었다. IMF도 겪어야 했고, 4 · 16 세월호 참사도 보았으며, 촛불 혁명도 경험했다.

그동안 사회도 많이 바뀌었고, 학교도 많이 바뀌었다. 틀이 바뀌면 내용도 바뀌듯이 사회의 변화 속에서 학생들의 사고방식도 많이 바뀌었다. 상명하복의 군대식 문화가 많이 사라지고 수평관계의 민주적인 문화가 서서히 자리를 잡아가고 있다. 이러한 변화에 불편함을 호소하는 교사도 있지만, 필요한 변화이며 바람직한 변화이다.

교사는 그 변화하는 것을 놓치지 않아야 한다. 학생들은 변화하는데 교사가 변화하지 않고 과거만을 답습한다면 학생들에게는 불행한 일이다. 실제로 교사들의 문화도 조금씩이지만 바뀌어 가고 있다. 다행스러운 일이다. 눈에 거슬리는 행동을 하는 학생들에게 막무가내로 윽박지르던 문화에서 "왜 그렇게 했어?"라고 질문하기 시작했다. 교장이 죽으라면 죽는시늉이라도 해야 했던 문화에서 벗어나 "왜?"라는 질문을 던지기 시작했다.

고정관념은 깨버려야 하고, 구습은 벗어 던져야 한다. 그래야 새로운 것을 담을 수 있다. 자기 경험의 한계에서 벗어나지 못하는 동굴의 우상을 버려야 하고, 자기편만을 옳다고 생각하는 종족의 우상을 버려야 하고, 많은 사람이 그렇게 해왔으니까 그게 옳다고 생각하는 시장의 우상을 버려야 하고, 권위 있는 사람의 말이니 옳다고 생각하는 극장의 우상을 버려야 한다. 베이컨이 말하는 버려야 할 4대 우상이다. 관념 속의 우상부터 버려야 새로운 것을 만날 수 있다.

나는 재직 초년 시절에 그런 계기가 있었다. 망치로 머리를 한 대 맞은 듯한 그런 충격적인 경험이다. 그때는 시내 인문계 고등학교 3학년을 맡았던 해이다. 하루에 본 수업 5시간, 보충 수업 2~3시간, 모두 7~8시간의 수업을 해야 했다. 세 학급만을 수업하니 한 학급을 하루에 5시간씩 들어가는 날도 허다했다. 새벽 수업부터 오후 보충 수업까지 마치고 나서 또 자율 학습이라는 이름으로 밤 11시까지 학생들을 지도하였다. 하루에 총 15시간을 근무하는 것이다. 몸이 녹초가 되었다. 졸면서 수업을 하는 날도 많았다. 수업하다가 입에서는 나도 모르게 헛소리가 나왔다. 그러던 어느 날 수업시간에 조는 학생에게 한마디 하였다.

"왜 수업 시간에 조니? 나도 힘들지만 다 너희들을 위해서 이렇게 피곤한 몸을 이끌고 수업을 하는데 그렇게 졸면 되겠어?"

그랬더니 한 학생이 대꾸했다.

"선생님, 우리를 위해서 그런 게 아니라, 교장 선생님이 시켜서 그런 것 아닌가요?"

꽤 충격적이었다. 온전히 맞는 말은 아니지만 틀린 말도 아니었다. 뭔가 정리해야 할 말이 필요했다. 나는 "교장 선생님도 다 너희들을 위해서 그런 것 아닐까?"라고 답을 해주려다 멈추었다.

"그럴 수도 있겠구나."

그렇게 대답하고 말았다. 내 머릿속이 복잡해졌다. '의심할 여지 없이 학생들을 위해서라고 여겨오던 행위가 본질은 학생을 위한 것이 아닐 수도 있겠구나.'라는 데까지 생각이 미치자 고민하기 시작했다. 사실 어떤 교사가 하루에 15시간이 넘게 근무하고 싶겠는가? 그런 측면에서 보면 학생의 말은 맞다. 그런데 교사들은 한편으로는 그런 어처구니없는 노동을 하면서도 다 학생들을 위해서라고 여긴다. 교사들은 학생들을 체벌하면서도 "다 너희들을 위해서야."라고 얘기했고, 하기 싫어하는 야간 학습을 강제로 시키면서도 "다 너희들의 장래를 위해서야."라고 입버릇처럼 당연하다는 듯이 얘기했다.

교사들은 어떻게 하면 학생들을 일류대에 많이 합격시킬 것인지, 그것만 생각하며 지식을 전달할 뿐 왜 그렇게 해야 하는지에 대해서 깊게 고민하지 않는다. 그러한 목표가 정당한지 방법이 정당한지도 묻지 않는다. 또한, 그러한 교육 행위가 누구에게는 이롭고, 누구에게는 불리한지도 묻지 않는다.

심지어는 학생들의 입시 성적을 높이기 위해 문제 풀이만 열심히 했을 뿐, 교과서 속에 담긴 지식이 객관적인지, 가치 중립적인지, 특정 집단의 이익을 대변하는 측면이 있지는 않은지 그런 것은 따져보지 않는다.

교사들은 오직 그 교과서 내용만을 주옥처럼 여기며 주입하기에 전념한다. 이후로 학교에 다소 변화가 일고 있지만, 그 변화된 양태마저도 목표나 내용이 정의로운지에 대한 고민은 거의 없고, 그 내용을 보다 세련되고 능률적으로 전달하는 방법에만 집중하고 있는 경향이 강하다. 왜 그런 내용이 교과서에 실려 있는지, 그 내용을 그대로 학생들에게 주입하는 것이 옳은지를 고민하는 교사는 얼마나 될까.

어떤 목표를 세우고 어떤 내용을 전달할 것인지는 소수 상류층의 행정가들이 거의 전담하고 있다. 그러다 보니 교사는 단순히 그 내용을 전달하는 기술자가 되어버린, 그래서 전문성을 인정받지 못하는 기능인이 되어버린 것이다. 정말 교사들을 힘 빠지게 하는 일이다. 검정교과서 제도가 도입된 뒤로 교과서 제작에 일부 교사가 참여한다고는 하지만, 그도 이미 정해진 교육 과정에 맞추어 끼워 넣는 수준이다. 여전히 "왜?"라는 질문은 없다.

전교조가 창립되어 활동을 시작하던 때에, 전교조 조합원 교사들이 학생들을 의식화한다는 이유로 전교조와 해당 교사들을 탄압한 적이 있다. 그러나 교육이라는 행위 자체가 학생들을 의식화하는 일이다. 모든 언어에는 의미가 들어있고, 모든 의사소통 행위는 상대방을 의식화하기 위한 과정이다. 그런데 의식화 아닌 교육이 있을 수 있겠는가? 의식화하지 말라는 것은 영혼 없는 아이들을 만들라는 말과 같다. 지배자들은 교사들이 "왜?"라는 질문을 던지기 시작하고, 학생들에게 "왜?"라는 질문을 던지게 하는 것이 두려웠을 것이다. 즉, '정해놓은 대로 주입만 시키면 될 것을 왜 비판적 사고를 갖게 하느냐'는 소리였을 것이다. 안타까운 것은 생각 없이 여기에 동조하는 교사들과 일부 국민이었다. 조금만 생각이 있다면 참으로 무지한 말이라는 것을 금방 깨달을 수 있는데 말이다. 모두가 국가 권력이 장악한 주입식 교육의 산물이 아닐까 싶다. 그로부터 20년이 지난 박근혜 정권 때에도 교사가 학생들을 의식화한다는 말이 나왔다. 참으로 무지한 말이다.

인간의 본질은 생각할 수 있다는 것이다. 인간이 인간답게 성장하려면 물어보고, 찾아보고, 따져보는 교육을 받아야 한다. 그러기 위해서는 "왜?"라는 질문을 계속해서 던져야 하고, 또 "왜?"라는 질문에 답할 수 있어야 한다.

"왜?"라는 질문을 자신에게 먼저 던져보고, 교실에서도 "왜?"라는 질문을 계속해서 던져보자.

그때 비로소 교사와 학부모와 학생이 진정한 교육의 주체로 거듭날 수 있을 것이다.

파울로 프레이리는 "중립적 교육 과정이란 없다. 교육은 젊은 세대를 현 체제의 논리에 끌어들여 사회에 순응하도록 양육하는 도구 노릇을 하거나, 그렇지 않으면 자유의 실천을 행한다."라고 하였다.

타일러 또한 '학교는 젊은이들을 현재의 사회에 적응시켜야 하는가, 아니면 사회 발전을 위해 노력하는 젊은이들을 키우는 변혁적 임무를 맡아야 하는가'의 어느 질문 하나에 해당한다고 하였다.

교사는 학생들을 과거 사회에 맞게 길들일 것인지, 아니면 과거의 모순을 개혁하고 새로운 세계를 개척할 힘을 길러줄 것인지, 그중에서 어느 곳에 더 큰 방점을 찍을 것인지 선택을 해야 한다.

그래서 우리는 늘 "왜?"라고 물어야 한다. 자신이 어떤 교육을 하든 "누구를 위한 교육인가? 왜 그런 교육을 해야 하는가?"라고 묻고 나서 교육하여야 한다. 이 책은 그에 대한 답을 찾기 위해 고민하는 내용이 될 것이다.

2

울어야 젖 주나?

1) 당돌한 신규 교사의 "건의 사항이 있습니다."

"직원 모임 갖겠습니다. 국기에 대한 경례! 나는 자랑스러운 태극기 앞에 조국과 민족의 무궁한 영광을 위하여 몸과 마음을 바쳐 충성을 다할 것을 굳게 다짐합니다. 바로! 상호 인사 나눠주십시오." 주번 교사가 이렇게 조회를 시작한다.

이어서 "오늘 아침 주번 활동을 잘했는데, ○학년 ○반, ○반 주번이 주번 조회에 불참했습니다. 그리고, ○학년 ○반 학생은 아침 청소가 부실하였습니다. 담임선생님께서는 잘 지도 부탁드립니다. 각 과에서 말씀해주십시오."

그러면 부서별로 정해진 순서대로 발언한다.

"학생과에서 말씀드리겠습니다. 3월입니다. 학생들은 학년 초에 잘 잡아야 합니다. 선생님들께서 잘하시겠습니다만 복장, 두발, 흡연, 인사 습관, 실내 정숙 등에 대해 잘 지도해주시기 바랍니다. 학생과에서도 내일부터 교문에서 복장과 두발 단속을 하겠습니다. 이상입니다."

다음은 연구과, 새마을과, 체육과, 과학과 등을 거쳐 마지막으로 교무과에서 발표한다. 발표 내용은 거의 공문 전달이거나, 지시를 전달하는 내용이다. 다음에는 서무과장이 등록금 납입을 독촉해달라는 얘기를 하고, 교감과 교장의 훈계 섞인 지시로 마무리된다.

대부분 청소 지도 철저, 교사 복장 단정, 인사 지도, 등록금 독촉, 각종 문서 제출 요구 등 그런 내용이었다. 가끔은 학교에서나 술집에서 정치 비판하지 말고, 다른 얘기를 하라는 우려 섞인 훈시도 있었다. 그런 조회가 매일 아침 똑같이 이루어졌다.

그건 회의가 아니었다. 일방적인 지시 전달이었다. 지시 전달 내용에 대해 이의를 다는 경우는 보지 못했다. 교무 회의가 그러하니 교사들이 어디에서 민주주의를 익힐 수 있었겠는가?

초임 두 달쯤 지나고 당돌한 일을 벌이고 말았다. 선배 교사들과 술자리에서 나눈 숙직실 얘기부터 일은 시작되었다. 여럿이서 불만을 토로했다. 벽지에 때가 끼어 새까맣고, 이불과 베개도 지저분하다고. 나도 숙직을 하면서 그렇게 느꼈다. 그런데 술집에서만 그런 얘기가 종종 오갈 뿐 숙직실은 바뀌지 않았다. 다음 숙직 때도 이불과 베개는 그대로였다. 숙직실 벽지는 오래되어 검은 때가 많이 끼어 있었다. 고급스럽고 깔끔한 것을 가리는 성격이 아닌 내가 보기에도 그랬다. 그래서 서무실 직원 한 분에게 조용히 말씀을 드렸다. 그러나 "그래요." 한마디로 끝났다. 그 말을 들으면서 아마 신규 교사가 건방지다고 생각했을지도 모르겠다. 그리고 또 다음 숙직을 하였다. 그대로였다.

다음 날 아침 조회 시간에 나는 자리에서 일어섰다. 숙직실 침구류가 지저분해서 위생상 문제가 많으니 세탁해줘야 한다고 발표하였다. 교무실 분위기가 얼어붙은 것 같았다. 모두 멍한 얼굴로 나를 쳐다보았다. 아마 교무 회의 때 맡은 업무 전달 사항 외에 자신의 소견을 발표하는 모습이 낯설었기 때문이었을까. 그때 같이 근무했던 교사 한 분은 30년쯤 지난 어느 날에 그 기억을 떠올리며 깜짝 놀랐다고 얘기를 하셨다. 나도 잊고 지냈는데 그걸 그때까지 기억하는 걸 보니 꽤나 충격이었던 모양이다. 그로부터 8년 후에 전교조가 생기고, 교사들의 의식이 변화되면서 교무 회의가 조금은 변화되었지만, 그 이전까지는 감히 건의 사항이나 교감이나 교장의 의견에 반하는 얘기는 엄두도 못 내던 시절이었으니 그럴 만도 했다. 더욱이 이제 겨우 한두 달 지난 신규 교사가 학교에 대한 불만 사항을 발표하니 철없는(?) 당돌한 선생이 되고 말았다. 아마 상당수 교사는 그렇게 생각했을 것이다. 철없고 버릇없는 신규 교사라고.

그런데, 며칠 지나지 않아 숙직실 이불과 베개는 깨끗하게 바뀌어 있었다. 그렇게 우는 아기 젖 준다는 말을 확인하게 되었다.

교직 사회는 일반 회사나 공무원 사회에 비하면 훨씬 민주적이다. 교장과 교감만 빼면 모두 평교사라서 직급상으로는 평등한 관계이기 때문이다. 그러나 교사 개개인의 성향은 꽤 보수적이다. 교사들은 도전적이기보다는 순응적 성향이 강하고, 계급이 없는 대신에 장유유서의 질서를 중시하는 경향이 있다. 게다가 우리의 교육은 과거의 것을 전달하는 것이라는 기능주의적 관념이 강하게 자리 잡아 왔다. 그래서 교사들은 스스로 보수적이어야 한다고 생각하고 자신을 그 틀에 맞추려 한다. 그래서 답답하다. 물론 나도 집안에서 종손으로 자라면서 예의범절에 대한 훈육을 받았고, 때로는 회초리로 종아리를 맞으며 예절을 배웠던 터라 그렇게 되바라지지는 않은 편이나, 그렇다고 맹목적으로 순종하면서 살고 싶지는 않다. 옳은 것은 옳다고 하고, 그른 것은 그르다고 하는 것이 순리 아니겠는가? 그런 생각은 그때나 지금이나 마찬가지이다. 그래서 순응적인 학교가 많이 답답하였다.

그런 생각은 그대로 이어져 벌떡 교사(?)가 되었다. 교무 회의 때 벌떡벌떡 일어나서 자기 하고 싶은 얘기를 하는 사람을 벌떡 교사라고들 한다. 1987년 전교조가 생긴 이후부터 교사들이 교무 회의 시간에 일어나서 자신들의 얘기를 하기 시작했고, 그런 교사를 벌떡 교사로 칭하게 되었다. 물론 그러다가 불이익을 많이 당하기도 했지만, 그로 인해 학교에 민주적인 분위기가 조성되기 시작하였다.

본래 회의가 그런 것 아닌가? 자신의 생각을 얘기할 수 있어야 회의 아닌가? 그냥 지시 전달만 하려면 굳이 '회의'라는 이름으로 아침마다 모여서 시간 빼앗고, 스트레스 줄 필요는 없지 않겠는가?

그렇게 벌떡 교사가 여기저기서 일어나 학교 운영에 이의를 달고 이견을 발표하자 그 말이 듣기 싫었던지 회의를 줄이기 시작했다. 처음엔 일주일에 한 번으로 줄더니 이 주일에 한 번, 그러다 한 달에 한 번만 하는 학교도 많아졌다.

사실 어떤 집단이든 민주적인 운영을 위해서 회의는 꼭 필요하다. 회의다운 회의만 한다면 그 집단은 민주적으로 운영될 수밖에 없기 때문이다. 문제는 지시 전달이나 하는, 회의답지 않은 회의를 하면서 시간을 낭비한다는 것이다. 회의는 회의답게 그리고 필요할 때 하는 것이 중요하다. 시간이 걸리더라도 회의를 통해 의사를 결정하는 것이 결과적으로 더 효과적이다. 모든 구성원이 주체적으로 참여할 수 있도록 만들기 때문이다.

물론 회의에 서툴면 시간만 끌 뿐 효율적인 결정을 내리지 못하기도 한다.

또 힘들게 시간 내서 회의했는데 최종 결정이나 실제 집행은 최고 관리자가 마음대로 바꿔버리는 경우도 있다. 그래서 회의에 부정적인 경우가 많다. 학교에서도 그런다. 학교는 아직도 교장을 관리자로 자리매김해둔 채, 교장에게 최종 결정권을 주어 회의를 무의미하게 만들고 있다. 최근에는 교장이 구성원들의 의견을 물어서 의사 결정을 하는 경우가 많아지고는 있지만, 그래도 최종 결정권은 교장에게 있다. 학교 구조가 그렇게 비민주적인데, 그런 구조 속에서 교사들이 어떻게 학생들에게 민주 교육을 할 수 있겠는가? 〈초·중등교육법〉부터 바꿔서 교무 회의를 의결 기구로 바꾸는 것이 시급하다.

2) 교장님! 교장 선생님!

이왕 학교의 구조 얘기가 나왔으니 한 가지 더 얘기하고 넘어가자.

몇 해 전에 교과교실제를 알아보기 위해 경기도의 어느 학교를 방문한 적이 있다. 그 학교의 연구부장은 학교를 소개하면서 '교장님'이나 '교감님'이라는 호칭을 사용하였다. 신선하였다. 선생은 교사의 높임말로 학교에서 일정한 자격을 가지고 학생을 가르치는 사람이다. 조금 구체화한다면 교실에서 수업하는 사람이다. 그렇다면 교감이나 교장은 선생이 될 수 없다. 〈초·중등교육법〉에 "교장은 교사를 지도·감독하며, 학생을 교육한다."라고 되어 있기는 하다. 그런 의미에서 본다면 교장이나 교감도 간접적으로 학생을 교육한다고 볼 수도 있다. 그러나, 그런 간접적인 교육을 하는 사람까지도 선생이라고 한다면 학교에서 근무하는 사람 중에 선생 아닌 사람이 없고, 교육청이나 교육부를 비롯한 교육 관련 행정 업무를 맡는 사람 모두 마찬가지일 것이다. 그렇기에 선생은 교실에서 수업하는 사람을 지칭하는 뜻으로 보는 것이 옳다. 따라서 수업과는 거리가 먼 교장과 교감에게는 선생을 붙이지 않는 것이 타당하다.

더욱이 교장도 수업하도록 해야 하지 않느냐는 문제가 제기되었을 때 교장 단체는 적극적으로 반대를 하였다. 또한, 학교에서 교사가 몸이 아프거나 가족상 등으로 인해 갑작스럽게 수업을 할 수 없는 상황이 발생하여 교사 대체가 힘들 때도 대부분의 교장·교감들은 절대로 수업에 들어가지 않는다. 어쩌다 수업을 부탁하면 노골적으로 내가 수업하기 싫어서 교감이 되고, 교장이 되었는데 무슨 소리냐고 목소리를 높이는 사람도 있다. 그래도 '교장님' 말고 '교장 선생님'이 맞고, '교감님' 말고 '교감 선생님'이 맞을까?

우리나라의 교장 제도는 그 출발부터 별로 아름답지 못하다. 일제강점기에 만들어진 근대 학교는 교장에게 교사와 학생들을 감시하고 감독하도록

그 지위를 부여하였다.[1]

그런데 광복이 된 이후에 불행하게도 친일파들이 권력을 잡으며 사회 곳곳에 일제의 잔재가 그대로 남게 되었다. 교육계도 크게 다르지 않았다. 이승만 독재 정권 그 뒤로도 한동안 이어지는 군사 독재 정권은 교육을 통제할 필요성을 느꼈고, 그래서 통제 중심의 교장 제도를 그대로 존속시키고 싶었을 것이다. 그러던 것이 수십 년을 거치며 국민도, 교사도, 학생도 그러한 관행이 당연한 것처럼 여기도록 길들게 되었다. 그러나 세계 어디에도 교장에게 교사를 지도 · 감독하고 지배하는 관리자로 군림하도록 자격을 부여하는 나라는 없다. 심지어는 공산권 국가인 중국에서도 교장 제도는 선출보직제로 운영되며, 교사들의 교육 활동을 지원하는 역할을 할 따름이지 감독자로서 역할을 부여하지는 않는다.

교장에게 관리자로서 지도·감독권을 주다 보니 학교의 모든 의사 결정권은 교장에게 있다.

교장은 교육 과정 편성을 위하여 학칙 제정, 교과 편제, 수업 시간 및 일수 설정, 전·편입생 허가 등의 권한을 가지며, 학교 인사에서 교사 근무 평점 부여, 보직 교사 임명, 담임 임명, 강사나 기간제 교사 채용 등에 대한 결정권을 가지며 학교 예산 편성권을 가지고 있다. 학교 운영 전반에 최종 결정권을 가지고 있는 것이다. 가히 학교를 교장 왕국이라 할 만하다. 쉽게 말하자면 3권을 모두 쥐고 있는 격이다. 그러다 보니 많은 교사는 학교장이 되기 위해 치열하게 살아가기도 한다. 내가 첫 발령을 받았을 때부터 그런 교사를 많이 만났다. 그중 어떤 교사는 수첩에 승진 점수를 적어가지고 다니며 수업 중에도 복도에 나와서 점수 계산을 하고 있었다. 그리고 나에게 이런 승진 점수를 잘

---

1) 〈초·중등교육법〉 제20조(교직원의 임무)는 "① 교장은 교무를 통할(統轄)하고, 소속 교직원을 지도·감독하며, 학생을 교육한다. ④ 교사는 법령에서 정하는 바에 따라 학생을 교육한다.'라고 명시되어 있다.
위의 ①과 ④는 모순된다. 모든 결정권을 교장에게 부여해놓은 상태에서 교사의 교육권은 한계가 있기 마련이다. 20여 년 전까지는 ④항이 "교사는 교장의 명을 받아 교육한다."라고 되어있었는데 진보적 교원 단체와 교사들의 요구로 1998년에 바뀌기는 했지만, 이 또한 ①항으로 인해서 그 한계는 분명하다.

관리해야 한다고 여러 번 조언하기도 하였다. 그렇게 승진을 계획한 교사는 지켜야 할 원칙이 있다. 점수가 되는 일이라면 무슨 짓을 해서라도 성취해야 한다. 그 과정에서 동료 교사에게 절대로 이타적이어서는 안 된다. 동료 교사에게 인정을 베풀다가 승진에서 밀린 사람을 여러 명 보았다. 심지어 학생들에게까지 서류 조작을 요구하는 경우도 있다. 가장 중요한 것은 근무 평정권자인 학교장의 비위를 절대로 거슬러서는 안 된다는 것이다. 드물지만 승진을 준비하는 교사가 개떡(?) 같은 교장을 만나면 지갑을 들고 술집으로 불려나가기도 하고, 운전기사가 되기도 하고, 술 상무가 되기도 해야 한다.

군산대 법학과 노기호 교수는 「학교장의 권한과 교사의 자율권 보장」에서 "교장은 그 권한의 행사에 있어서 상급 교육 행정 기관인 교육청이나 교육감의 지시·감독을 받는다고 하더라도 실질적인 학교 운영의 전권을 쥐고 있다고 할 수 있다. 특히 교육 과정에 관한 교장의 권한은 많은 부분에 있어서 교사의 교육의 자유 내지 교육권을 제한하는 근거로 작용하고 있다."라고 얘기한다. 아마 문제의식을 가지고 현장을 바라보는 교사라면 이를 부정하지 못할 것이다. 실제로 교장이 바뀌면 학교가 좋게든 나쁘게든 확 바뀌는 경우를 많이 본다. 교장에게 왕권적 권한이 있기 때문이다.

이런 교장 제도가 지속된다면 우리나라 교육의 민주화나 학교에서의 민주 시민 교육은 요원할 수밖에 없다. 민주주의를 경험해보지 못하는 교사들이 지식으로만 민주 시민 교육을 할 수 없기 때문이다.

학교가 바뀌기를 바란다면 승진제를 반드시 바꿔야 한다. 이런 왕권적 제도에서 학교의 민주화나 민주 시민 교육은 불가능하다.

민주 시민 교육을 위해서라면 교사와 교장에 대한 인식 전환도 함께 이루어져야 한다. 교사와 교장은 감독자와 피감독자가 되어서는 안 된다. 교사는 자격증을 가진 전문인으로서 자기 수업을 비롯한 교육 활동에서 전문성을 발휘할 수 있어야 한다. 교장의 감독 대상이 아니라는 것이다. 감독은 식민지 시대나 독재 사회에서나 있을 법한 일이다. 교사는 학생 지도의 전문가로서, 교장은 행정 지원자로서 역할을 분명히 해야 한다. 교사와 교장은 서로 다른 역할을 가지고 자기 역할에 충실해야 한다. 그래서 교장 승진제가 빨리 바뀌어야 하며, 호칭도 교장 선생님이 아니라 교장님이라고 해야 한다는 것이다. 이미 여러 혁신 학교에서 실험된 사례도 있다. 평교사 출신 공모 교장 제도를 선택한 학교에서도 실험된 바 있다. 그런 학교에서 학생과 학부모의 만족도가 훨씬 높게 나왔다.

〈교육기본법〉에서 추구하는 '민주 시민으로서의 필요한 자질을 기르고, 민주 국가의 발전과 인류공영의 이상을 실현'하는 교육이 되게 하려면 승진제부터 바꿔라. 감독하고 감독받는 체제에서 어찌 민주 시민이 길러지길 기대하는가?

3

누가 긍정적이고, 누가 부정적일까?

체육대회를 하는 날, 서울 지역으로 진학한 졸업생들이 후배들을 찾아왔다. 2000년대 후반, MB정권 시절이었다.

"선생님, MB 같은 사람이 어떻게 대통령이 되었는지 모르겠어요."

"그래? 뭘 알고 있는 모양이구나."

"예, 광우병 소고기 수입하면 안 되잖아요. 그리고 4대강 사업도 그렇고요. 그래서 시위에 참여했어요."

그때 옆에 있던 그 친구가 끼어든다.

"왜 그렇게 부정적으로 봐? 그리고 학생들이 공부해야지 시위나 하고 있으면 되냐?"

"잘못된 게 있으면 당연히 비판할 수 있는 것 아니야?"

같이 지난해 내 수업을 받았던 학생들인데, 서로 생각이 다르다. 같은 강의를 들어도 판단은 서로 다를 수밖에 없다. 자기가 듣고 싶은 대로 듣고, 해석하고 싶은 대로 해석한 결과일 수도 있다. 구성주의 교육학자들의 선택적 내면화에 대한 주장이 확인되는 순간이었다. 하지만 그걸 어찌하랴. 한 형제도 서로 생각이 달라 싸우는 일이 허다하지 않은가. 자신이 처한 환경에 따라서, 만나는 친구에 따라서, 접한 책에 따라서 얼마든지 생각은 달라질 수 있다. 그리고 또 지금의 생각을 나이 먹도록 그대로 가지고 가는 것도 아닐 것이다.

내 앞에서 오랜만에 만난 친구들끼리 논쟁이 계속되면 안 되겠다 싶어 두 친구에게 왜 그렇게 생각하는지를 각각 물어보고 다른 얘기로 넘어갔다.

하지만 마음 한구석이 먹먹하였다. 우리 사회는 '부정적인 것과 비판적인 것'을 혼동하고, '순응적인 것과 긍정적인 것'을 혼동하고 있다. 아마 질곡의 역사가 우리 국민에게 남긴 상처의 흔적 때문일 것이다.

조선 시대에는 유학을 신봉하며 말을 삼가는 것을 미덕으로 삼았다. 그 바탕에는 사회 모순에 대한 비판을 통제하려는 정치적 전략도 작용하였을 것이다. 일제강점기에는 더더욱 그랬을 것이며 그 이후 이승만, 박정희, 전두환 독재 정권에서도 생각의 차이로 말미암아 수난을 겪은 사람이 셀 수 없이 많았다. 자연스럽게 사람들은 자신의 생각을 말로 표현하는 것을 조심스러워했을 것이고, 그런 세월이 지속되면서 현실 순응적인 사고를 당연한 진리인 것처럼 내면화하면서 생존해왔을 것이다.

그런데 정확히 따지고 넘어갈 일이 있다. 언어는 사회의 성격을 결정짓거나 변화시키는 도구가 될 수 있기 때문이다. 비고츠키는 인간의 언어는 단순히 생각을 담는 그릇이 아니라 인간 자신을 변화시키는 생각의 도구라고 하였다. 이는 사람들이 어떤 언어를 사용하느냐에 따라 그 사회가 그렇게 변화될 수 있다는 뜻이다. 언어와 사회는 불가분의 관계에 있다. 사회의 속성에 따라 사용하고 있는 언어가 달라지기도 하지만, 어떤 언어를 사용하느냐에 따라 의식이 달라지고 사회가 달라지기도 한다. 후자의 경우 정치적 전술로도 이용된다. 친일파라는 용어만 하더라도 친일 행위에 대한 긍정적 사고를 유도하고 있다. 매국노라고 해야 맞다. 신자유주의라는 말도 자본의 침략에 대한 긍정적 사고를 유도하고 있어서 사람들은 부정적 사고 없이 받아들인다. 자본약탈주의라고 해야 맞다. 박정희 정권이 「국민교육헌장」을 만들고, 「국기에 대한 맹세」를 만들어 국민에게 암송시킨 것도 전체주의 정책을 펼치기 위한 정치적 전술이었을 것이다. 그래서 언어 순화 운동을 통해 사회를 정화하려는 시도도 일어나고는 했다. 일본이 강점기에 우리의 언어를 장악하려고 했던 것도 같은 이치이다.

다시 앞의 얘기로 넘어가 부정적이라는 말과 비판적이라는 말을 한 번 따져보자.

이광수는 반민특위에서 왜 친일을 했느냐고 물으니 조국의 광복이라는 희망이 안 보였기 때문이라고 답했다. 조국이 곧 광복을 맞이할 것으로 생각했더라면 박정희도 백선엽도 일본군에 들어가지 않았을 것이다. 반면에 독립운동가들은 광복에 대한 '희망'이 있었기 때문에 독립운동을 했을 것으로 유추해볼 수 있다. 그렇다면 친일파와 독립운동가 중에 누가 더 긍정적인 희망을 가졌다고 볼 수 있을까? 독립운동가는 당시 현실에 비판적이었을지언정 부정적이었다고 할 수는 없다. 그런데 일본은 비판적인 그들에게 부정적이라고 낙인찍었다.

광복 이후 독재에 저항하며 민주화 운동을 했던 사람들도 마찬가지이다. 혹독했던 박정희, 전두환 정권 시절에 역사 발전에 대한 긍정적 희망, 민주화에 대한 긍정적 희망이 없었다면 시위를 할 수 있었겠는가? 그런데 정권은 늘 그들에게 부정적이라는 굴레를 씌웠다. 덩달아 국민도 그 지배자의 언어를 그대로 사용하고 있다. 지배자의 언어와 민중의 언어는 다르다는 것을 인지하지 못한 채 말이다.

요컨대 사회 모순에 대한 비판을 부정적이라고 매도하는 것은 언어 사용을 잘못한 것이다. 그렇게 언어 사용을 잘못하고 있는 이유는 아마 사회 모순에 대한 '비판'을 피하고자 하는 자기 검열의 심리가 작동했기 때문일지도 모르겠다.

기왕 언어 이야기가 나왔으니 우리들의 언어생활에 대해 조금 더 얘기하고 넘어가자.

우리는 일상에서 말장난에 농락당하는 일이 의외로 많다. 박정희 정권 시절에 언론사에 주재하던 정보원이 신문 기사의 제목을 '연탄값 인상'에서 '연탄값 현실화'로 바꾸게 했다고 한다. 국민의 부정적 정서를 걱정해서 말이다. 김대중 정권 시절에 어떤 법무부 장관의 부인이 밍크코트를 뇌물로 받아서 입어보고 다시 돌려주었다고 한다. 보수 신문에서는 '밍크코트 입어봐.'라고 크게 제목을 뽑았다. 결국, 그 일로 그 법무부 장관은 낙마했다. 만일 '밍크코트 돌려줘.'라고 제목을 뽑았으면 결과는 어떠했을까?

정부가 개각할 때마다 언론사들은 후보자에 대한 하마평을 내놓는다. 같은 장관을 두고 조직 장악력이 뛰어나다고 보도하는 언론사가 있는가 하면, 독선적이라고 보도하는 언론사가 있다. 또 어떤 장관을 두고는 우유부단하다고 보도하는 언론사가 있고 친화력이 뛰어나다고 보도하는 언론사가 있다. 두 언론사의 성향의 차이를 그대로 보여주고 있다.

신자유주의도 그렇다. 자유주의라고 하니까 멋있는 세상이 펼쳐질 것 같은 느낌을 준다. 그러나, 신자유주의는 자본이 아무런 통제를 받지 않고 약소국에 들어가서 착취하고, 힘없는 서민을 착취할 수 있는 자유주의이다. 더 강화된 시장주의라고 생각하면 된다. 그렇게 해서 지금 신자유주의를 받아들인 나라들은 빈부의 격차가 더욱 심해지고 있다. 우리나라도 그에 해당하는 대표적인 나라이다. 그래서 빈부의 격차가 심해지고, 출산율이 떨어지고, 자살률은 높아졌다.

우리의 일상에도 그런 말장난은 많다. 아파트 광고를 보면 교통 편리, 사통팔달, 역세권 등의 장점을 강조하고는 한다. 그런 경우는 아마 번잡하고 시끄러운 도로변일 가능성이 크다. 반대로 쾌적한 환경, 자연 친화적, 새 소리를 들으면서 시작하는 아침 등의 표현으로 광고하는 곳은 교통이 불편한

곳일 가능성이 크다.

학교에도 그런 말장난은 많다. 그 대표적인 것이 자율 학습과 보충 수업이다. 자율 학습은 자율적인 학습이 아니었고, 보충 수업은 보충하는 수업이 아니었다. 과거에는 모든 학생이 강제로 새벽과 야간에 자율 학습을 해야 했고, 자율 학습 감독 수당을 거출하기도 했다. 보충 수업도 보충 수업이 아니었다. 본래의 보충 수업의 개념은 정규 수업에서 보통의 수준에 미치지 못하는 학생들을 정상적인 수준까지 끌어올려 주는 수업이어야 한다. 그리고 그 비용도 이미 정상의 교육을 받기로 하고 등록금이나 세금을 납부하였으므로 학습자가 부담하는 것이 아니라, 정부에서 부담해야 한다. 그런데 학생들의 부담으로 이루어졌고, 부진 학생에 대한 보충이 아니라 일반 수업의 수준으로 이루어져서 되레 부진 학생의 성적 격차가 더 벌어지는 결과만 초래하였다. 더욱이 또 심화 보충 수업이라 해서 우수 학생만 별도의 수업을 하기도 하였다.

지금 대부분 학교에서는 희망자만 자율 학습을 하고 있다. 그리고 보충 수업은 방과 후 수업으로 이름이 바뀌었다. 매우 다행스러운 일이다. 이름을 제대로 쓴다는 것은 중요한 일이다. 언어는 개념을 바르게 정리하고, 사회를 변화시키는 지렛대가 되기 때문이다.

많이 걱정되는 것은 당시에 억지 자율 학습에 길든 세대들이 사회에 나가 직장 생활을 하면서 강제와 자율의 선을 구분하지 못하고 일의 노예처럼 부역하지는 않는지, 노동 시간을 강제로 연장해놓고 자율이라는 이름으로 위장한 회사에서 노예처럼 부림을 당하고 있지는 않은지 그것이 염려된다.

다시 강조하건대 말장난하지 말자. 그리고 말장난에 넘어가지 말자. '비판적인 것을 부정적이라는 말로 위장'하여 비판의 입을 닫아버리지 말자. 모순이 있으면 그것을 비판하는 것은 지식인의 의무이다. 말장난으로 주제를 흐리지 말자.

4

산만한 것인지, 활발한 것인지?

새 학년이 시작되면 새로 만날 학생들이 어떤 아이들일지 궁금하고, 가슴도 설렌다. 첫 시간에 들어가서 소개도 하고 일 년의 수업 계획을 얘기한다. 교사 초년 시절에는 꽤 엄중한 표정을 지으면서 조금은 긴장하여 준비한 얘기들을 풀어놓기도 하였지만, 해가 갈수록 엄중함보다는 친구처럼 웃으면서 얘기도 하고 발표도 시켜보고, 칭찬도 해주었다.

그러면서 탐색전도 시작된다. 이 학급은 어떻고, 저 학급은 어떻고 그런 판단을 해본다. 한 2주쯤 되면 아이들도 긴장을 풀고 본색을 드러내기 시작한다.

어떤 학급은 활발하여 발표도 적극적이고, 수업도 능동적으로 참여한다. 반면에 한 시간 내내 굳은 얼굴로 말 한마디 없는 학급도 있다.

나는 활발하고 발표도 적극적으로 참여하는 학급이 좋다. 틀린 답도 좋고, 장난스러운 말도 좋다. 일단 그들의 마음이 열려 있다는 점에서 소통이 잘 될 것 같은 느낌이 든다. 그런 학급에 들어가면 수업도 즐겁고, 피곤하다는 생각이 들지 않는다.

반면에 말 한마디 없는 학급에 들어가면 아무리 흥을 내서 수업을 진행하려고 해도 금방 머쓱해진다. 분위기를 바꿔보려고 장난을 걸어도 잠깐 얼굴색이 변했다가 다시 원점이다. 나만 어색해진다. 뭔가 나를 거부하는 것 같은 느낌이 들기도 한다. 그러면 스스로 당황스러워진다.

학급의 분위기는 담임의 영향을 얼마간은 받는 듯하다. 담임의 개성이 강한 경우는 많은 영향을 받기도 한다. 내가 담임을 맡은 학급은 교과 교사들이 두 가지 반응을 보인다. 활발하다고 하는 교사도 있고, 산만하다고 하는 교사도 있다.

나는 가능하면 담임을 하면서 학생들이 학급의 주인이라는 생각을 심어주려고 노력하였다.[2)]

학급에서 이루어지는 일들에 대해서 담임이 재량으로 할 수 있는 범위 내에서는 학생들 스스로 결정하도록 하였다. 그리고 학생들이 자신의 생각을 얘기할 수 있도록 배려하였다. 학급 회의를 열어서 학생들이 어떤 의견을 제시하면 토론을 거쳐서 결정하게 하였다. 가끔은 산만하거나 분위기가 흐트러지는 경우도 있었지만, 그 느낌만 얘기해주고 기다려주었다. 그러면 변해갔다. 다만 기다리는 과정이 그렇게 즐거운 것만은 아니었다. 그래도 기다려주면 변해가는 모습을 자주 보았다. 과정은 다소 혼란스럽지만, 끝내는 아이들이 그렇게 성장했다.

그래서 활발하다는 평가도 나왔을 것이고 산만하다는 평가도 나왔을 것이다.

또한, 교사의 성향에 따라 평가도 달라질 수 있다. 그런 분위기를 좋아할 수도 있고 싫어할 수도 있기 때문이다. 학생들이 활달하게 참여하고 발표하는 수업을 좋아하는 교사에게는 활발한 수업이 되고, 반면에 학생들이 조용한 상태에서 귀를 기울이는 수업을 좋아하는 교사에게는 산만한 수업이 되었을 수도 있다. 어떤 수업이 좋은 수업인지 내 역량으로 단정하기는 힘들지만, 나는 학생들이 활달하게 참여하고 발표하는 수업이 좋다. 그래야 나도 살아있는 듯하고, 학생들도 살아있는 듯한 느낌이 들기 때문이다.

---

2) 교사 초년 시절에는 그렇게 하지 못했다. 꽤 엄중한 표정을 짓고 지켜야 할 것들을 늘어놓으며 통제를 하려고 하였다. 그러나 해가 갈수록 엄중함을 내세우기보다는 친구처럼 소통하려고 노력하였다. 지금 생각해보면 후자가 훨씬 인간적인 교사였던 것 같다. 그렇게 했을 때 학생들도 더 인간적으로 다가왔다.

반면 담임이 위력으로 학생들을 꼼짝 못 하게 잡아놓은 학급에서는 수업하기가 엄청나게 어려웠던 적이 몇 번 있었다. 물론 교사가 엄격하고 무섭다고 다 같지는 않다. 어떤 교사는 엄격하면서도 학생들과 함께 어울리며 학급 분위기를 생동감 있게 만드는 교사도 있다. 그런 교사는 참 요령이 좋아 보인다. 그러나 시종 아이들을 옴짝달싹 못 하게 잡아놓기만 하는 학급에서는 생기가 없다. 그런 학급은 학생들이 처음 몇 시간은 내 눈치를 보며 굳은 얼굴로 앉아있다가, 며칠 지나면 자기들 하고 싶은 대로 행동한다. 통제가 어렵다. 다른 교사들도 그 학급에서 수업하기가 힘들다는 얘기를 종종 한다. 대체로 학생들에게 친절하게 해주는 교사, 특히 여교사들 시간에 그런 경향이 두드러진 모양이다. 그 반의 수업은 고통의 시간이 된다. 그런 경험을 하면서 인간에 대해서 한 번 더 생각하게 되었다. 억압에 길든 인간은 그보다 더 강한 억압이 아니면 통제하기가 힘들다. 심한 억압을 받으면 그 억압에 대한 반발심이 약자를 향한 가학성으로 나타난다. 일제강점기에 조선인 순경이 일본인 순경보다 동족에게 더 가혹했었던 것도 그런 이치이며, 회사에서 상사로부터 심한 학대를 받은 회사원이 가정에서 아내를 학대하는 것도 그런 이치로 볼 수 있다. 아마 그 학생들도 억압에 억눌린 감정을 풀어낼 수 있는 시간을 찾을 수밖에 없었을 것이며, 그 시간 중 하나가 내 수업이었을 것이다. 지금 생각해보면 그 반 학생들과 더 따뜻하게 능동적으로 대화하지 못했던 것은 못내 아쉬움으로 남는다.

위의 두 가지의 학급 분위기와는 별도로 한두 명의 학생이 계속 이쪽 친구, 저쪽 친구 돌아가며 속닥속닥 얘기를 나누는 경우도 있다. 이쪽 친구를 향해서 얘기하다 안 받아주면 저쪽 친구를 향해서 얘기하고, 그래도 안 받아주면 뒤에 앉은 친구를 향해 몸을 돌려 얘기를 한다. 한순간도 가만히 있지를 못한다. 그런 학생이 있으면 수업을 진행하기가 참 힘들다. 그럴 때는 나도 수업을 중단하고 가만히 그 학생을 쳐다보고 있다. 그러면 옆에 있는 다른 학생들이 얘기를 중단시킨다. 다시 수업을 진행한다. 그러나 그 학생은 다시 얘기를 시작한다. 다시 수업을 멈추고 그 학생에게 말을 건넨다.

"꼭 지금 해야 할 얘기야?"

"아닙니다. 죄송합니다."

그 모습이 참 순진하다.

"그럼 다시 수업 진행할게."라고 얘기하고 다시 수업을 진행한다.

그런데, 조금 후에 다시 또 얘기를 시작한다. 나는 다시 수업을 멈춘다. 그리고 쳐다보고 있다. 그러면 옆의 다른 학생들이 또 얘기를 중단시킨다. 다시 말을 걸어 본다.

"아직도 할 얘기가 남았어?"

"아닙니다. 죄송합니다."

"할 얘기 다 했어?"

"예, 죄송합니다."

"아직 못다 한 얘기 있으면 지금 얼른 하세요. 30초 줄게."

"아닙니다. 죄송합니다."라고 입을 다문다.

"그럼 다시 얘기해서 수업을 중단하게 하면 다른 학생들에게 피해를 주니까 복도로 내보내도 돼?"

그러면 "예."라고 자신 있게 답한다.

그 정도 하면 보통은 조용해진다. 그러나, 조금 지나서 다시 얘기하다 정말로 복도로 내쫓기는 학생도 있다. 그렇게 수업을 진행하다 얼마간 시간이 지난 후에 다른 학생들에게 생각할 거리를 주던가, 발표 준비를 시켜놓고 조용히 복도로 나가서 웃으며 얘기를 건다.

"왜 복도로 나와야 했는지 알아?"라고 물으면 연신 "죄송합니다."를 연발한다. 일부러 수업을 방해하고, 교사를 골탕 먹이려고 그러지는 않았을 것이다. 참으로 안타깝다. 교사 초년 시절 같으면 "너 때문에 다른 학생들이 얼마나 피해를 보는 줄 알아?" 그렇게 다그치며 화를 내고, 벌을 주고 그랬을 것이다.

이런 아이들을 위해서라도 학교에 전문성을 가진 심리 상담 교사가 있었으면 좋겠다. 자기 통제가 어려운 학생, 폭력성을 보이는 학생, 자살 충동을 느끼는 학생 등 심리적으로 도움이 필요한 학생들에게 진로 상담 교사보다는 심리 상담 교사가 더 절실한 것 아닐까. 그게 사회 비용을 줄이는 길일 수도 있다.

5

경쟁 교육과 인성 교육이 병행될 수 있을까?

1) 정답 따로 행동 따로

교육 경력 20여 년이 넘어선 교사이면 별의별 제자들이 다 있기 마련이다. 출세했다는 제자들도 있고 아주 고통스러운 삶을 살아가는 제자들도 있다. 그 중 출세했다는 제자들 이야기를 하면서 대견해하고 교사의 보람을 자랑하는 교사도 종종 볼 수 있다. 아무개 검사가 내 제자이고, 아무개 제자는 육사를 졸업하여 장군이 되었고, 아무개 제자는 의사가 되었다는 등.

그런데 출세했다는 것만으로 그 제자들이 다 자랑스러울 수는 없을 것 같다. 제자가 성공하는 것을 바라지 않는 스승은 없겠지만, 출세한 제자라고 해서 꼭 올바른 사람이라고 볼 수는 없기 때문이다.

우리는 그동안 영욕에 이끌려 부조리와 타협하고, 독재 정권에 수구 노릇을 하는 판검사를 수없이 보아왔다. 그들은 같은 죄를 지어도 힘 있는 자와 힘없는 자에게 다른 기준을 적용하였고, 부자와 가난한 자에게 다른 기준을 적용하였다. 그래서 '무전유죄 유전무죄'라는 말이 유행하기도 하였다. 자신의 계급을 이용해 사리사욕을 채우고, 국가를 지킬 병사들을 자신의 노예처럼 부린 장군들 얘기도 많이 들었다. 최근에는 농어촌 지역의 의료 공백을 메꾸기 위해 공공 의과 대학을 신설하겠다는 정부 방침에 맞서 환자 치료를 거부한 의사들의 집단행동도 보았다.

모두가 우리 사회의 특권 계층이다. 아마 그들은 학교 다닐 적에 성적이 우수하였을 것이다. 시험에서 거의 모든 과목을 만점 맞은 학생도 상당수 있을 것이다. 그들은 학교에서의 특전을 독차지했을 수도 있다. 그러나 성적이 높다고 인성까지 만점인 것은 아니다. 오히려 그들에게 특전을 주면서 그들의 인성이 망가졌을 가능성이 크다. 일류대 합격생 수로 학교를 평가하는 관행도 그들의 인성을 망가뜨리는 데 일조했을 것이다. 모든 것이 성적 좋은 자신들 중심으로 움직이며 다른 학생들을 희생시키는 일도 많았을 것인데, 그것을 비정상인 특전으로 여기는 것이 아니라 당연히 받아야 할 특권으로 여기게 되지 않았을까? 성적이 좋은 자신들의 생각은 모두 옳다고 생각하는 오만과 학교의 명예를 높여주니 이 정도는 당연하다는 선민의식이 그들을 그렇게 만들지는 않았을까?

그들이 어떤 교육을 받았는지 짐작게 하는 사건이 있다. 의사들이 파업하면서 내건 홍보물이다. 의사를 선택할 때, 학창 시절에 공부에 매진하여 1등을 한 의사와 성적이 모자란 공공 의대 의사 중에서 누구를 선택하겠냐는 것이다. 오직 성적만이 기준이다. 국민이 공분하고 있다. 내 제자 중에도 그런 생각을 하는 제자들이 어찌 없겠는가?

이런 제자를 두고 잘 가르쳤다고 자랑할 수는 없는 일이다. 가령 제자인 아무개 판사가 법정에서 자신의 출세를 위해 약자에게 불리한 판결을 내리거나, 제자인 아무개 장군이 권력에 눈이 어두워 총칼로 국민이나 부하들에게 윽박지르거나, 정계의 거물인 아무개 국회의원이 자신의 이익을 위해서 양심에 꺼리는 행동을 하고 있다면 그들을 가르친 교사로서 어찌 부끄러운 마음이 들지 않겠는가.

그래도 모든 판검사, 장군, 정치인, 의사가 다 그러한 것이 아니라 일부가 그러할 것이니 다행스러운 일이다.

한 치과 의사는 의사들의 그런 홍보 내용에 "어이없고 황당할 뿐이다. 공부를 잘해야 최고의 의사가 된다는 주장은 수긍할 수 없다. 20년간 환자를 보면서 깨달은 점은, 최고의 의사에게는 두 가지가 필요하다는 것이다. 첫 번째는 임상 실력이고, 두 번째는 인성이다. 전교 1등을 놓치지 않기 위해 책을 파먹던 열정과 노력이 최고의 길로 직행하는 것은 아니다. 사실 최고의 의사에게 가장 중요한 것은 바로 인성이다. 의사로서 지녀야 할 기본 소양인 공감 능력과 환자를 끝까지 포기하지 않는 소명의식이 필요하다. 교육 제도의 개혁이 뒷받침되어야 한다. 인성 교육이 진짜 의사를 만들어내는 시작점이 되어야 한다."라고 덧붙였다.[3)]

2) 경쟁 교육과 인성 교육이 나란히 설 수 있을까?

위 치과의사는 좋은 의사가 되기 위해서는 인성 교육이 먼저여야 한다고 주장한다. 의사만 그럴까? 모든 일이 그렇다. 그래서 학교에서도 인성 교육을 강조한다. 그런데 과연 경쟁 교육과 인성 교육의 병행이 가능할까? 그것이 그간 내가 나름대로 수없이 부딪쳤던 고민이다. 줄 세우기 식의 경쟁 교육을 하면서 인성 교육을 함께 할 수 있느냐는 것이다.

학생들이 지식으로야 공자의 인(仁)이며, 예수의 사랑이며, 부처의 자비며, 칸트의 도덕론을 모를 리 없다. 그러나, 인을 얘기하며 친구를 왕따 시키고, 사랑을 얘기하며 약자를 괴롭히고, 자비를 얘기하며 친구의 공책을 숨기고, 도덕론을 얘기하며 과정을 무시한다. 즉, 지식과 행동이 따로다.

어디서 받아왔는지 학생부에 들어갈 내용을 명문장으로 가득 채워와 그대로 써달라고 요구한다. 사실성이 의심되는 봉사활동 확인서를 받아와서 올려달라고 한다. 읽지도 않은 책을 제목만 적어와서 기록해달라고 한다. 그

3) "의료인에게 중요한 건 성적이 아니라 자질 … 공공 의대 설립을 찬성한다."(오마이뉴스, 2020.9.5. 이정혁) 글쓴이는 내신 4등급이었지만 수능 성적이 좋았다고 한다. 학창 시절에 다양한 분야의 책을 읽고, 야간 자율 학습을 빼먹고 영화도 보러 다녔다고 하였다.

런 행동에는 대학 진학에 도움이 된다면 어떤 행위라도 괜찮다는 생각이 작용하고 있으리라. 이중성이 내면화되어 있다.

2013년 흥사단 투명사회운동본부 윤리연구센터에서 초·중·고 학생 2만 1천 명을 대상으로 조사한 자료에 의하면, 10억 원이 생긴다면 죄를 짓고 1년 정도 교도소에 가도 괜찮다고 생각하는 학생의 비율이 초등학생 16%, 중학생 33%, 고등학생 47%로 나왔다. 이 비율은 전해에 조사했던 초등학생 12%, 중학생 28%, 고등학생 44%보다 더 높아진 결과이다. 교육을 많이 받을수록 높아지고 있다는 것이 충격적이다.

이러한 결과는 교육이 양화를 구축하지 못하고 있다는 것을 방증한다. 물론 교사가 그렇게 시킨 것은 아니며, 인격 형성의 과정에 학교의 교육만이 온전히 작용하는 것도 아닐 것이니, 교사에게만 그 책임을 돌릴 수는 없다. 하지만 그간의 우리 교육이 경쟁을 시키며 앞만 보고 나아가게 만든 것은 사실이다. 그리고 은연중에 더 편리하고 이익이 된다면 편법을 눈감아주거나, 때로는 학교가 그것을 조장하는 경우도 있었다는 것을 인정하지 않을 수 없다.

교사들 스스로도 그런 모습에 익숙해져서 거리낌이 없어져 버렸다. 각종 통계는 물론이고 보고 공문, 교무 일지 등을 실제와 다르게 작성하는 경우가 허다하다. 각종 문서를 따져보지도 않고 복사하는 일 또한 허다하다. 그래서 Ctrl C, Ctrl V를 잘해야 한다고 한다. 복사하기를 잘하고, 통계 조작을 잘하는 사람이 유능한 사람으로 평가받기도 한다. 그 예를 다 들기도 민망하다. 물론 교사 개개인을 비판하기 위해서 하는 말은 아니다. 한두 명이 아닌 다수가 그런 현실이라면 개인의 문제가 아니라 구조의 문제이다. 현실적으로 불가능한 지침을 내리고 지시하는 교육 행정에서부터 그 원인은 시작된다. 아마 교육청도 교장도 그러려니 넘어갈 것이다. 문제는 그러한 교사들의 행위가 반복되면서 거짓 숫자를 기록하고도 전혀 도덕적 가책을 느끼지 않게 되어버렸다는 것이다. 그게 정말 무서운 것 아닌가? 오랫동안 민주성의 상실 속에서 살아남기 위한 방편으로 이중성을 스스로 개발시킬 수밖에 없었으리라. 한 번 습관화되어 버린 것을 각성 없이 고치기는 거의 불가능하다.

이런 형편 속에서 교육을 통해 바른 인성을 기른다는 것은 불가능할 수밖에 없다. 그나마 학교에서 그런 부조리한 부분을 개선해보기 위한 많은 시도가 이루어지고 있어서 고무적이다. 참교육 운동을 비롯한 여러 교사 모임이 자발적으로 구성되어 힘을 쓰고 있다. 혁신 학교 운동도 희망을 보여주고 있다. 몇 곳의 혁신 학교에서 인성 교육을 시도하여 긍정적 평가를 받고 있어 기대가 크다. 인성 교육에 진심으로 관심을 가지고 있다면 그런 혁신 학교들을 주목할 필요가 있다. 혁신 학교들의 공통점은 학교 운영이 민주적이라는 것이다. 먼저 교사 집단이 민주적으로 움직이고, 그것이 그대로 학생 교육에도 적용되며, 교사와 학생이 모두가 학교의 주체로서 주인의식을 가지고 학교 운영에 능동적으로 참여하고 움직인다는 것이다. 이 혁신 학교들이 인간의 본성을 살리는 교육을 하고 있다는 점은 놓치지 않아야 한다. 앞으로의 교육개혁이 나아갈 방향을 보여주고 있다.

다만 혁신 학교에서도 고등학교는 입시 경쟁이 다소 걸림돌이 된다는 평가를 들은 바 있다. 문제는 경쟁이다. 경쟁 교육과 인성 교육이 공존할 수 있을까? 다시 강조하거니와 나는 불가능하다고 확언한다. 인성이 중요하다면 경쟁 교육에서 벗어나야 한다. 이런 얘기를 하면 너무 이상적인 얘기만 한다고 비난을 듣기 일쑤다. 그러나 가능하다. 다른 나라에선 우리처럼 일등부터 꼴찌까지 석차를 매기지 않는다. 그러고도 우리보다 학력 수준도 높고, 사회 수준도 높다. 다만 학교 교육이 변하기 위해서는 사회도 함께 변해야 한다는 것이다. 학교에서 경쟁을 완화하기 위해서는 사회의 평등도 함께 이루어져야 한다. 그 이야기는 뒤에서 다시 언급하기로 하자.

2
교시

꽃으로도
때리지 말라

1

학년 초에 꽉 잡아야 한다?

교사 초년 시절을 생각해보면, 제일 먼저 떠오르는 것이 체벌이다. 그때는 체벌이 아이들을 위한 열정이라고 생각했지만, 지금은 부끄러움과 미안함이 더 크다.

"3월에 아이들을 꽉 잡아야 1년이 무난합니다."

3월에 개학하고 첫 교무 회의에서부터 들은 얘기이다. 회의 시간뿐만 아니라, 선배 교사들과 술자리라도 하게 되면 후배를 위한 조언으로 심심치 않게 들었던 소리이다. 거기에다가 많이 맞은 학생이 훗날 찾아와서 고마워한다는 얘기도 후렴으로 듣게 된다.

체벌이 교육적으로 옳은지 그른지에 대한 가치 판단만 배제한다면 꽤 매혹적인 조언이며, 훈육 방법이다. 한 학급에 60명, 어떤 경우에는 교실 부족으로 합반을 하여 7~80명까지 채운 과밀 학급에서 주입식 교육을 해야 했던 시절을 고려한다면 체벌이 효율적인 선택이었을 것이다. 나도 체벌에 대한 문제점을 외면하고, 체벌에 익숙해지는 기간이 채 2개월을 넘지 않았다.

부임 첫해부터 3학년 담임을 맡게 되었다. 그리고, 바로 교무실 옆에 붙은 학급의 담임을 맡게 되었다. 그때 건물은 목조 건물이라 벽 자체가 나무판으로 막아놓은 정도였다. 교무 회의를 할 때나 쉬는 시간에 교실에서 아이들 떠드는 소리라도 들려오면 모든 교사가 담임인 내 얼굴을 쳐다보았다. 특히 교무 회의 시간에는 압박감이 더 심했다.

나는 교실로 가서 학생들에게 조용히 해달라고 부탁하듯 타일렀다. 그때는 교무 회의를 매일 아침에 하였는데, 횟수가 반복될수록 내 말은 거칠어졌고 겁박의 정도도 심해졌다. 어떤 때는 학생부장이나 다른 선배 교사가 대신 가서 야단을 치기도 했다. 그럴 때마다 선배 교사들의 조언이 뒤따랐다. 아이들은 3월에 꽉 잡아야 1년이 편하다는 조언!

그래서 매를 들기 시작했다. 처음엔 꼭 이렇게 매를 들어야 할까 그런 고민도 했다. 그러나 매를 드는 일이 반복되면서 자연스러운 일이 되어버렸다. 매를 드는 일은 학생을 바르게, 그리고 열심히 가르치기 위한 당연한 행위라는 착각에 빠져드는 데 오랜 시간이 걸리지 않았다. 그러면서 가슴 속에서 지워져 가는 말이 있었다.

"아무리 못난 자식도 부모에게는 소중한 자식이다. 함부로 때리지 말거라. 그리고 열심히 가르쳐라."

내가 첫 발령을 받아 근무지로 떠날 때 어머니께서 침구류와 입을 옷 등을 싸주며 당부하셨던 말씀이다. 그러면서 가슴 속에 담아두셨던 기억도 하나 꺼내놓으셨다. 내가 초등학생 때 당신께서 시장을 다녀오는 길에 학교 옆을 지나다가, 나와 친구들이 단체로 선생님께 매를 맞고 있는 모습을 우연히 보셨던 모양이다. 그때 당신의 가슴이 미어지더라며 함부로 매를 들지 말라 하셨다. 우리가 잘못한 것도 없는데 오해를 받아 그렇게 맞았다는 것도 들어서 알고 계셨다. 얼마나 마음이 아프셨으면 10여 년이 훨씬 넘도록 그 일을 가슴속에 간직하고 계시다 내가 교사가 되어 첫 출근을 하는 날에 그런 말씀을 하셨을까. 어머니의 당부를 지키고, 체벌 교육에 부정적이었던 나의 교육관을 지키기 위해서 매를 들지 않으려 했다. 그러나, 어느 날부턴가 어머니의 그 말씀은 내 가슴에서 지워져 가고 있었다. 내가 배웠던 교육학, 내가 읽었던 철학 서적들의 내용도 마찬가지였다. 자애로움과 인간 존중을 바탕으로 그려진 교육학과 철학적 메시지보다는 체벌이 학생들의 행동을 변화시키고 통제하는데 훨씬 수월하고 효과적이었기 때문이다.

대학에서 배웠던 교육학을 실천하기보다는, 오히려 중 · 고등학교 때 만났던 선생님들이 나에게 지도했던 방식이나 수업했던 방식을 자연스럽게 똑같이 재연하고 있었다. 체벌하던 방식도 그랬고, 체벌하며 내뱉었던 얘기들도 그랬다. 뜨거운 가슴으로 철학 서적에서 읽었던 깨달음이 없는 행동은 위선이며 노예적 습성을 길들일 뿐이라는 것을 머릿속에서 지워가고 있었다. 그런 내 생각을 정당화하기 위해 이상과 현실을 이원화시켜버리는 것도 익숙해져야 했다. 철학적 사고는 이상일 뿐이고, 현실과는 다르다고 스스로를 세뇌해야 했다. 체벌의 가시적 효과는 내면의 이성을 이기고 나를 유혹했다.

나는 그렇게 체벌에 익숙해졌고, 그 습관은 이후로도 한참 더 계속되었다. 학급당 학생 수가 60명으로 교실 가득 미어터지던 그때는 그렇게 하지 않고는 수업을 진행할 수 없었노라고 핑계를 대야 할까? 아니면 내가 초·중·고등학교 시절 선생님들께 보고 배운 대로 했을 뿐이라고 변명해야 할까?

당시에는 그것이 당연했고, 학부모님들도 엄하게 가르쳐달라고 일부러 회초리를 만들어 보내기까지 하였으니, 열정적인 교사라면 그렇게 하는 것이 당연하였노라고 핑계를 대야 할까? 나를 더 민망하게 만드는 것은 졸업한 제자 중에 "그때 저를 더 때려주시지 그랬어요."라고 진지하게 하소연하는 제자들이 종종 있다는 것이다. "그때 너를 더 때렸으면 가출했을 수도 있어."라고 말해주고 싶지만, 꾹 참고는 조용히 웃고 만다.

아무튼, 그때 매를 맞았던 학생들에게 미안하고 미안하다. 가끔은 "선생님, 그때 저 억울하게 맞았어요."라고 말하는 제자를 만나면 더더욱 미안할 따름이다.

2

폭력은 폭력을 재생산한다는데

그때 나에게 매를 맞았던 학생들에게만 미안한 것이 아니다. 가끔 체벌 관련 뉴스가 나올 때마다 얼굴이 화끈거린다. 혹 나에게 매를 맞은 제자들도 어디 가서 저렇게 체벌을 하고 있을지 모른다는 생각이 들어서다.

요즘이야 체벌을 하면 즉각 고발조치가 이루어지는 상황이라 체벌은 거의 사라졌다. 그런데 유치원이나 유아원에서 종종 체벌이 발생해서 말썽이 생기곤 한다. 더욱이 아직 자기 의지도 의사 표현도 미숙한 유아들을 대상으로 체벌이 이루어지고 있어서 충격이다. 아직 미숙한 유아이기 때문에 문제 상황은 언제든지 발생할 수 있다. 그런 문제 상황이 반복되면 교사들은 많이 힘들 것이다. 그런 상황에서 쉽게 문제를 해결하려는 생각으로 체벌의 유혹을 받았으리라 짐작된다. 왜 그들은 문제 상황을 해결하기 위한 방법으로 체벌을 선택했을까? 힘든 노동 조건이 원인일 수도 있다. 그러나 문제의 근본은 교사의 의식이다. 그 교사들은 그렇게 보고 배우면서 자랐을 가능성이 크다.

체벌에 의한 효과는 즉각적으로 나타난다. 그러나 체벌을 비롯한 폭력이나 강압에 의한 행동의 변화는 체벌을 면하기 위한 가식적 행위이거나 위장일 가능성이 크다. 그런 가식적 행동의 변화는 설득이나 깨달음에 의한 행동의 변화가 아니기 때문에 진정한 변화가 이루어졌다고 할 수 없다. 피동적이며 형식적인 변화일 뿐이다. 본질적 깨달음이 없는 가식적 변화는 상황이 바뀌면 다시 본래대로 회귀할 가능성이 크다. 때로는 계속되는 체벌에 견디기

위해 스스로 체벌을 정당화하기까지도 한다. 일종의 스톡홀름 증후군이다.[4]

더욱 심각한 경우는 그렇게 강압에 의한 행동 통제가 지속해서 이루어지면 노예근성에 길든다는 것이다. 그들은 정의로운 판단과 선택을 기준으로 행동하는 것이 아니라 강자에 굴종하거나 자신의 이익만을 위한 선택을 하게 된다.

그뿐만 아니라, 그렇게 강압적인 방법에 길든 사람은 자신이 강자가 되고 나서도 갈등 상황에서 위압적인 방법으로 해결하려 하고, 약자를 만나면 위압적으로 굴복시키려 한다.

이런 관행은 가정에서도 마찬가지로 작용한다. 가정에서도 가부장적 분위기에서 부모가 체벌로 훈육하는 경험을 가진 학생들은 갈등 상황이 발생하면 당연히 체벌을 생각할 것이다. 심한 경우는 부모 간의 폭력을 보고 자란 학생들이다. 아버지가 어머니에게 폭력을 휘두르는 모습을 보고 자란 아들은 그런 아버지를 증오하면서도 아버지의 모습을 재연하게 된다고 한다. 아마 어떤 갈등 상황에서 아버지가 폭력으로 문제를 해결하는 방식을 기억하고 있다가, 자신도 갈등 상황을 맞닥뜨리면 그 기억을 떠올려 폭력을 통해 문제를 해결하려는 것인 게다. 실제로 가정 폭력은 대부분 대물림된다는 것이 연구자들의 일반적인 견해이다.

그들은 사회생활에서도 갈등 상황이 발생하면 그렇게 가부장적으로 혹은 폭력적으로 문제를 해결하려 하는 경향이 있다. 그렇게 폭력은 재생산되고, 사회화된다.

그런 생각을 하면서 체벌을 하지 않아야 한다는 생각은 늘 내 머릿속에 담고 있었다. 그러나 그게 쉽지가 않았다. 억지로 체벌을 하지 않으려다 보니

---

4) 스톡홀름 증후군(Stockholm syndrome)은 인질이 범인에게 동조하게 되는 비이성적인 심리 현상이다. 인질이 아니더라도 일부 매 맞는 배우자나 가족의 일원, 학대받는 아이들도 이와 비슷한 심리 상태를 보인다고 한다.

마음속에 분노가 쌓이기도 했다. 어느 순간에는 나와선 안 될 분노의 소리가 입에서 튀어나오기도 했다. 늘 학년 초에는 올해는 학생들을 체벌하지 않겠다는 마음을 가졌지만, 어느 순간 매를 들고 있는 나를 발견하고 스스로 실망하기도 여러 번이었다. 그러다가 내 가슴을 뛰게 하는 경험을 하나 하였다.

3

꽃으로도 때리지 말라

1) 머리보다 가슴이 사람을 바꾼다

『꽃으로도 때리지 말라』는 책 제목을 광고에서 보았다. 처음 그 제목을 보고 떨리는 가슴으로 책을 사서 읽었던 기억이 난다. 연예인 김혜자 씨가 쓴 책이다. 물론 그 책은 교육 문제를 다룬 책이 아니라, 아프리카의 빈곤 문제를 다루는 책이었다. 몇 군데에서는 눈물을 흘리며 읽었다.

이 책의 본문 중 가장 인상 깊었던 부분과 책을 본 후 적었던 소감문의 일부를 인용해보고 싶다.

> 잭 켈리라는 한 신문기자가 소말리아의 비극을 취재하다가 겪은 체험담이 있습니다.
>
> 기자 일행이 수도 모가디슈에 있을 때의 일입니다. 그때는 기근이 극심한 때였습니다. 기자가 한 마을에 들어갔을 때, 마을 사람들은 모두 죽어 있었습니다. 그 기자는 한 작은 소년을 발견했습니다. 소년은 온몸이 벌레에 물려 있었고, 영양실조에 걸려 배가 불룩했습니다. 머리카락은 빨갛게 변해 있었으며, 피부는 한 백 살이나 된 사람처럼 보였습니다.
>
> 마침 일행 중의 한 사진기자가 과일을 하나 갖고 있어서 소년에게 주었습니다. 그러나 소년은 너무 허약해서 그것을 들고 있을 힘이 없었습니다. 기자는 그것을 반으로 잘라서 소년에게 주었습니다.
>
> 소년은 그것을 받아들고는 고맙다는 눈짓을 하더니 마을을 향해 걸어갔습니다. 기자 일행이 소년의 뒤를 따라갔지만, 소년은 그것을 의식하지 못했습니다. 소년이 마

을에 들어섰을 때, 이미 죽은 것처럼 보이는 한 작은 아이가 땅바닥에 누워 있었습니다. 아이의 눈은 완전히 감겨 있었습니다. 이 작은 아이는 소년의 동생이었습니다. 형은 자신의 동생 곁에 무릎을 꿇더니 손에 쥐고 잇던 과일을 한 입 베어서는 그것을 씹었습니다. 그리고는 동생의 입을 벌리고는 그것을 입안에 넣어주었습니다. 그리고는 자기 동생의 턱을 잡고 입을 벌렸다 오므렸다 하면서 동생이 씹도록 도와주었습니다.

기자 일행은 그 소년이 자기 동생을 위해 보름 동안이나 그렇게 해온 것을 나중에야 알게 되었습니다. 며칠 뒤 결국 소년은 영양실조로 죽었습니다. 그러나 소년의 동생은 끝내 살아남았습니다.

김혜자, 『꽃으로도 때리지 말라』 중에서

책을 읽은 내내 가슴이 아리다. 그러면서도 감동을 준다. 그 한 쪽의 사과는 나의 생명 같은 것이 아닌가? 나는 그런 사랑을 해보았을까?

인간 됨의 조건 중의 하나는 측은지심(惻隱之心)에 있다. 이는 사랑을 행하는 마음이다. 보통의 사람이라면 누구나 이런 측은지심을 가지고 있으리라 믿는다. 소수이지만 사랑을 베풀면서 살아가는 사람들도 있다. 자기 옆에 가엾은 사람이 있으면 나눠주고, 보살펴주고 그런 사람 말이다. 그러나, 그런 손길이 충분하지는 못한 듯하다. 지구의 한쪽에서는 먹을 것이 넘쳐나고, 다른 한쪽에서는 굶어 죽어가는 사람이 즐비하다. 오죽했으면 이 책의 필자인 김혜자 님은 "하느님이 정말로 있습니까? 하느님이 있다면 왜 이들에게 이렇게 커다란 고통을 주고 있습니까?"라고 외쳤을까?

측은지심이 있는 사람이라면 수오지심(羞惡之心)도 있기 마련이다. 인간을 가엾이 아끼는 사랑이 있는 사람이 어찌 그들을 측은하게 바라보고만 있겠는가? 측은지심이 있는 사람이라면 반드시 정의로운 마음도 있을 것이다.

나 자신부터 조금 더 눈을 크게 뜨고 넓게 봐야겠다는 생각이 든다. 그리고, 실천할 수 있는 일을 몇 가지 찾아봐야겠다. 벌써 몇 가지 떠오르는 것이 있다. 물론 주변에서 혼자 모난 행동 한다고 할지 모르겠지만, 결국은 나를 조금 버리는 조그만 용기만 있으면 모든 것이 해결되리라 믿는다.

김혜자, 『꽃으로도 때리지 말라』를 읽고 (2004. 6. 4.)

그 책을 읽으면서 가슴이 아렸다. 쓰러질 것 같은 그 소년이 한 쪽의 사과를 들고 마을로 향하는 장면을 상상하면서 눈물을 쏟았다. 무언가 가슴을 치는 듯하였다. '사랑'이다. 진정한 사랑은 조건을 따지거나 계산하지 않는 것이다. 아이들이 그냥 생명으로 존재하는 것만으로도 존중해줘야 한다는 것, 그리고 사랑만이 소통의 교육을 이루어지게 한다는 것을 그제야 어렴풋이 가슴으로 느끼게 되었다. 과거에는 아이들을 성적을 끌어올릴 대상으로 생각하고, 아이들을 내 기준에 맞게 통제해야 할 대상으로만 생각했다.

생각을 바꾸니 학생들이 다르게 보이기 시작했다. 머리카락을 기르고 싶어 하고, 옷을 더 멋있게 입고 싶어 하는 마음이 보이기 시작했다. 논리적인 이해가 아니라, 가슴으로 이해되기 시작한 것이다. 그러니 대화가 되기 시작했다. 대학 다닐 때부터 실존 철학을 공부하고, 인본주의 철학을 공부하고, 종교 철학을 공부하면서 이론적으로는 학생들의 행동을 이해하려 했지만 늘 내 기준으로 판단하려 하고, 그 판단에서 비롯된 감정의 흑백을 어쩌지는 못했다. 이론적으로는 학생들의 행동을 환경 결정론으로 이해해주려 하고, 성품을 백지설의 입장에서 품어주려 하고, 처지를 갈등론의 입장에서 옹호해주려고 했지만, 늘 현실에서의 감정은 따로였다.

그러다 『꽃으로도 때리지 말라』 속에서 한 쪽의 사과를 들고 동생에게 힘겹게 걸어가는 소년의 모습은 내 머리를 흔들어 놓았고, 내 가슴을 뛰게 했다. 그때부터 학생들을 대하는 나의 태도는 많이 변했다. 그리고 그 변화와 함께 매우 중요한 일이 벌어졌다. 교실에 들어가는 내 마음이 행복해졌으며, 아이들을 만나는 내 마음이 행복해졌다는 것이다. 이전까지는 학생들을 체벌하지 않겠다고 늘 생각하면서도 그 습관을 버리기가 쉽지는 않았다. 체벌만이 능사가 아니다. 억지로 체벌의 습관을 억누르면서 학생들을 지도하다 보니 마음속에 울화가 치밀기도 하고, 분노가 치밀기도 했다. 그러다 보니 어떤 경우에는 나와서는 안 될 증오의 언어가 입에서 튀어나올 때도 있었다.

『꽃으로도 때리지 말라』는 그런 나의 가슴을 부끄럽게 만들었다. 아이들을 만나는 내 마음이 정말 행복해졌다. 지금도 완벽하지는 않아서 늘 부족함을 느끼지만, 『꽃으로도 때리지 말라』를 읽기 전과 많이 달라진 것은 분명하다.

2) 존경받는 교사와 인기 있는 교사

내가 첫 발령을 받고 며칠 지나지 않아 누이로부터 편지가 왔다. "오라버니, 인기 있는 교사가 되려고 하지 말고, 존경받는 교사가 되려고 힘쓰세요." 라는 구절이 쓰여 있었다.

공감이 가는 내용이었다. 그렇게 하려고 노력했다. 내 생각도 다르지 않았기 때문이다. 그래서 학생들에게 흐트러지는 모습을 보이지 않으려고 애썼고, 원칙은 엄하게 지키려고 애썼다. 인기 따위는 신경 쓰지 않았다. 옳고 그름을 분명히 하려고 노력했고, 옳지 않다고 판단되면 매우 엄중하게 대하였고, 체벌도 하였다. 그러다 보니 학생들과 늘 거리감 같은 것이 느껴졌다. 너무 딱딱하고 사무적인 느낌이 들었다.

그런데 지금은 생각이 많이 달라졌다. 결론부터 말하자면 '인기 있는 교사와 존경받는 교사가 서로 다르지 않다'는 생각이 든다.

교사는 엄중하면서도 자애로워야 한다고 얘기한다. 그러나 엄함과 자애로움을 동시에 보여준다는 것이 말처럼 쉬운 일은 아니다. 학생들을 대하다 보니 엄하게 대해야 할 때와 자애롭게 대해야 할 때를 구분하기도 어렵거니와, 알더라도 그걸 상황에 따라 조절하는 것은 상당한 노련미가 필요한 것이다.

교사 초년 시절 경력이 많으신 선생님 한 분이 아이들을 야단치지 않고 잘 구슬리는 모습을 보았다. 화가 날 만한 상황 같은데도 화를 내지 않으시고, 매를 들어야 할 상황 같은데도 매를 들지 않으시며 오히려 학생의 얘기를 들어주셨다. 나도 저렇게 하면 되겠구나 싶기는 했지만, 그대로 따라 하기란 힘들었다. 때로는 오히려 답답하게 느껴지기도 하였다. 그래서 그분은 본래 성격을 그렇게 타고나신 것으로 나는 생각했었다.

그런데 이제 교직을 마쳐야 할 무렵이 되어서야 조금은 알 것 같다. 앞에서 『꽃으로도 때리지 말라』를 읽으면서 사과 한 쪽을 들고 마을을 향하던 소년이 내 머리를 흔들어 놓았고, 내 가슴을 뛰게 했다고 언급했다. 정말이다. 아마 그때쯤부터 내가 이성보다 마음으로 학생들의 생명을 느끼기 시작한 것 같다.

그것이 어떤 마음인지 온전히 설명하기란 힘들다. 그러나 그때부터는 아이들이 어지간해도 미운 감정이 들지 않고 자연스럽게 소통도 이루어지는 느낌이 들었다. 그 이전에는 내가 옳다고 여기는 것을 가르치면 학생들에게도 도움이 될 것이라는 '자기중심적인 생각'이 나를 지배하고 있었다. 학생들을 가르치는 대상으로만 취급했을 뿐, 학생을 주체로 여기지 않았던 것이다. 그러니 쌍방향 소통이 이루어지기가 어려울 수밖에 없었다. 정말 인기 없는 모습만 보인 것 같다. 인기 얘기를 하니 어떤 사람은 그렇게 속된 기준으로 교사를 평가할 필요가 있느냐고 따질지 모르겠다. 그러나 지내놓고 보니 인기 있는 교사와 존경을 받는 교사가 서로 다르지 않다는 생각이 들어서다. 학생들에게 인기 있는 교사를 보면서 그냥 인기를 얻은 것이 아니라는 것을 알았다.

그런 교사들은 억지로 아이들의 인기를 얻으려 한다고 되는 것이 아니다. 연예인들이야 스크린에만 비치기 때문에 가식적인 언행을 보여주는 것이 가능하겠지만, 매일 교실에서 학생들을 직접 상대해야 하는 교사들은 그렇게 가식적이거나 일시적인 언행으로 학생들의 인기를 얻을 수 없다.

아이들의 눈은 참 예리하다. 그냥 인기를 누리기 위한 교사의 행동과 정말로 아이들을 위하는 교사의 행동을 금방 구분한다. 연예인 같은 행동을 한다고, 맛있는 아이스크림을 사준다고 인기 있는 교사가 되는 것은 아니다.

그래서 생각을 바꾸기로 했다. 인기 있는 교사와 존경받는 교사가 다르지 않다고 말이다. (그렇다고 내가 인기 있는 교사가 된 것은 절대 아니다. 오해 없으시길 바란다.)

소통하지 않고, 존중하지 않고, 평등하게 대하지 않고 인기 있는 교사가 되기는 어렵기 때문이다. 바꿔 말해 소통하고, 존중해주고, 평등하게 대하면 충분히 존경받을 만하다고 볼 수 있다. 그래서 감히 인기 있는 교사와 존경받는 교사가 다르지 않다고 얘기한 것이다. 엄하다고 인기 없는 것도 아니고, 학생들 하자는 대로 해준다고 인기 있는 것도 아니다. 그만큼 어려운 일이다. 학생들의 눈이 예리하기 때문이다.

그러면서 교사들이 착각하지 말아야 할 부분이 있다. 학생들은 예리하기도 하지만 영악하기도 하다. 담임 교사와 담임이 아닌 교사를 대하는 태도가 매우 다른 것만 보아도 영악함이 드러난다. 아이들이 비위를 맞춰주기 위해 하는 말에 현혹되지 말라. 냉철히 자신의 모습을 보고 내가 얼마나 학생들과 소통하고, 존중하는 교사인지 판단하는 것이 먼저이다.

4

모범 학생, 어떤 학생이 모범 학생이지?

일 년이면 두어 번, 혹은 서너 번 모범 학생 표창을 한다. 추천권은 담임 교사에게 있다. 그래서 담임이 직접 모범 학생을 선별하여 추천하기도 한다. 그런 경우엔 대부분 학급 임원이나 성적이 우수한 학생들을 추천한다.

그런데 과연 그들이 모두 모범생일까? 그렇지는 않다. 가끔 공부 잘하는 학생들이 훨씬 이기적이라고 말하는 사람도 있지만, 그 또한 일률적으로 단정할 수는 없다.

독일의 교육학자 Fritz Wandel은 성공의 욕망이 클수록 학교에서 순응적으로 행동한다고 하였다.[5] 그의 주장에 따르면 모든 생물은 존재하기 위해 어느 정도 주변 세계에 적응해야 하지만, 모범적인 학생의 경우엔 '과잉 순응'을 보인다고 하였다. 이러한 순응은 많은 경우에 자신감의 결여, 불안, 고립과 관련된 것으로 보고 있다. 외부 사회와의 갈등을 헤쳐 나가려면 용기와 힘이 필요하기 때문에 순응이라는 방식을 통해 가장 적은 반항을 보임으로써 정신적 부담을 덜려 한다는 것이다. 오늘날 학교에서 모든 면에 걸쳐 모범생의 면모를 보이고 패배자가 아니라 승리자에 속하면서도 병든 아이들이 바로 그런 학생에 해당된다고 보고 있다.

Fritz Wandel은 학생들의 이런 성격은 극단적인 기회주의적 상황과 합리적 계산에 치우쳐 다른 사람들과의 경쟁에서 성공하기 위해 자신의 인간

---

5) Fritz Wandel(권이종 역), 『학교가 환자를 만드는가』, 교보문고, 1994, 40~41쪽.

적 자아 발전의 가능성까지도 배제하려 한다고 지적하였다. 학교 또한 학생의 순응에 장애가 된다고 여겨지는 아주 기본적이고 인간적인 미덕들(주체성, 민주성 등-저자 주)을 배제한다는 점에서 학교가 학생을 병들게 한다는 비난을 면하기 어렵다고 비판한다.

Erich Fromm은 이처럼 과잉 순응하는 인간 유형을 '시장 지향적 성격(Market Characters)'이라 불렀다. 이런 인간은 어떤 상황에서든 자신의 이익 실현을 위한 합리적 계산을 한다고 밝혔다.

모든 생물은 생존하기 위해서 어느 정도 자신의 주변 세계에 순응하기도 하고, 타협하기도 한다. 그러나 성적이 좋고 문제도 없으나 학교에서 우등생의 부류에 들기 위해 자아에 대한 확신을 갖지 못하는 것은 물론, 자신의 개성까지 희생해 가면서 '과잉 순응'을 보이는 경우가 허다하다. 또 그런 학생일수록 이중적인 성격을 보이는 경우도 많다. 자신의 이익을 추구할 만한 대상에게는 순응하지만, 자신보다 약자이거나 자신의 이익과 무관한 대상에게는 이기주의적인 면을 그대로 보여주기도 한다.

더욱이 우리나라처럼 교육을 계급 상승의 수단으로 여기고, 교사의 권위주의가 뒤섞여 작용하는 사회에서는 그런 이중성을 어렵지 않게 발견할 수 있다.

일제강점기의 식민 교육은 그러한 점을 적극적이고도 교묘하게 활용하였다. 일제는 순응하는 소수에게 권력을 주었고, 그렇게 권력을 쥔 순응주의자는 힘없는 동족에게 잔혹한 관리가 되었다. 문제는 광복 이후에도 그런 교육이 그대로 답습되었다는 것이다. 친일파가 권력을 잡아 독재 권력을 유지해야 했고, 그렇기에 비판적으로 사고하는 인간보다는 순응주의자를 기르는 교육이 입맛에 맞았을 것이다. 그리고 교사 또한 비판 없이 학생들을 길들여 왔다.

모범 학생 표창은 그런 과정에서 어떤 역할을 했을까? 교사에게 순응적이지 않은 학생이 모범상을 받은 경우는 얼마나 될까? 그래서 나는 학생들의 비밀 투표를 통해 모범 학생을 결정하였다.[6]

사실 '어떤 학생이 모범 학생일까?' 그 질문을 먼저 하는 것이 마땅하다. 최근에 와서도 대부분 성적이 우수한 학생들이 모범상을 우선으로 수상하고 있다. 어쩌면 인성보다 성적을 중시하는 현상이 과거보다 더 두드러지고 있는 것 같기도 하다. 대학 입시 기준 때문이기도 하지만, 교사들의 선입견이 작용하기도 한다. 한국의 학교에서 다중지능이론은 먹히지 않는다. 그래서 학교는 학생들의 성적을 높여주는 역할만 잘하면 되는 곳으로 인식되기도 한다. 체험 학습이나 토론 학습은 공부가 아니라고 생각하는 사람들도 많다. 아예 교육의 결과를 성적만으로 평가하기도 한다.

2000년대 초반까지는 아주 이상한 일도 있었다. 생활 기록부에 인성 평가 항목으로 행동 발달 상황을 측정하여 기록하는 칸이 있었다. 평가 기준 항목에 준법성, 근면성, 책임감, 협동성, 자주성 등이 있고, 각각의 항목에 가, 나, 다 순으로 평가를 해야 했다. 그리고 가의 비중은 10%(?)로 제한되었다. 그런데 우등상을 받으려면 가를 받은 항목이 3개 이상 되어야 했다. 그러다 보니 성적 우수 학생이 대부분의 가를 가져갔다. 만일 성적은 우수한데 행동 발달 상황에서 가를 받은 항목이 부족하여 우등상을 받지 못하면 해당 담임 교사는 연말 사정회 때 많은 눈총을 받았고, 당사자나 부모로부터 항의를 받기도 하였다. 그러다 보니 자연스레 성적이 우수한 학생에게 가를 줄 수밖에 없었다. 하지만 그렇게 되면 정말로 가를 받아야 할 학생이 받지 못한다. 그런데 성적이 우수한 학생 모두가 인성까지 좋은가에 대해서는 교사들도 수긍하지 못하는 경우가 많다.

아마 가를 독차지하고, 모범상을 받은 성적 우수 학생들은 자신들이 인성

6) 영악한 녀석들은 투표의 약점을 이용해 자기들끼리 작당하여 특정 학생에게 표를 몰아주는 듯한 느낌을 줄 때도 있었다. 그래서 교황 선출 식 투표를 하였다. 과반수 지지를 받을 때까지 재투표를 하는 것이다.

도 좋다고 착각하며 살아갈지 모르겠다. 그들은 사회에 나가서도 자신들이 능력은 물론 인성도 다른 사람보다 훨씬 좋으니 특권을 누리는 것은 당연하다고 여기며 살아갈 것이다. 그리고 그런 사람들이 우리나라 상류층으로 형성되었을 가능성이 크다.

지금 우리 사회의 괴물 같은 특권층의 행태를 보면 더욱 고민해보지 않을 수 없는 일이다. 그들을 괴물로 만드는 데 혹시 학교가 일조하지는 않았을까?

성적이 우수하고 순응하는 학생이 행동 발달 상황 항목에서 대부분의 가를 차지하고, 모범상을 가져가면서 괴물로 자라지는 않았을까?

최근에 유치원에서 모든 원생에게 모범상을 수여하는 경우가 많다. 모범상을 제대로 줄 수 없다면 차라리 그게 훨씬 더 나은 방법일 수도 있겠다.

5

내가 너의 이름을 불러 주었을 때 너는 나에게로 와서 꽃이 되었다

학교에서는 늘 학생들을 줄 세운다. 성적뿐만 아니라 체육대회도 그렇고, 학예 발표회도 그렇다. 과거에는 소풍 가서 장기자랑을 해도 등수를 매겨서 상을 주고 심지어는 교실 환경 정리에도 등수를 매겨 상을 주었다. 반별로 경쟁을 시키고, 또 학생별로 경쟁을 시킨다. 경쟁을 시키는 것은 대상을 통제하고 순종하도록 길들이는 아주 편리하고 효율적인 수단이다. 또한, 경쟁은 서로를 견제하고 시기하게 만들어 공동체를 파괴하고 이기심을 강화하기도 한다.

교사가 된 지 2년째 되던 해 체육대회 때 있었던 일이다. 내가 맡은 반은 별로 성적이 좋지 않았다. 그러는 중에 씨름만이 결승에 올랐다. 그거라도 우승을 시키고 싶었다. 반장에게 선수 명단을 보자고 했다. 5명의 선수가 출전하는데 명단을 보니 상대 팀 선수들을 이기기 쉽지 않을 것 같았다. 그래서 꾀를 내기로 했다. 가장 약한 선수를 1번으로 올리자고 아이들에게 제안했다. 아이들도 반대하지 않았다. 보통 잘하는 선수부터 순서를 짠다. 그러니 힘이 약한 선수 한 명이 1번으로 나가 희생하면 나머지 네 명은 이길 가능성이 크다. 힘이 약한 한 명을 희생시키고 나머지 학생을 이기게 할 요량이었다. 그렇게 순서를 짜서 선수 명단을 제출했다. 당연히 1번은 쉽게 졌지만, 2번부터 4번까지 3명이 내리 이겨서 4판 3승으로 우승을 했다.

그런데 40년이 되어가는 지금도 왜 그 일이 잊히지 않을까? 1번 학생은 얼마나 참담했을까. 자신과 비교도 안 되는 덩치 큰 상대와 처음부터 질 수 밖에 없는 경기를 했으니 말이다. 그때 그 학생의 얼굴에서도 그런 감정을 읽을 수 있었다. 웃음기가 가신 얼굴, 뭔가를 원망하는 듯한 느낌이었다. 지더라도 해볼 만한 상대와 정정당당하게 싸우다 지면 떳떳하다. 그러나, 처음부터 자신과 비교가 안 되는 상대에게 지는 것이 예정된 게임, 다른 사람을 위해 희생되어야 하는 게임을 하면서 의욕이 떨어지고 자존심도 상했을 것이다.

집단의 이익을 위해 무고한 개인을 희생시키는 것은 전체주의적 발상이다. 그 개인은 다른 사람을 위해 희생을 강요당할 의무도 책임도 없다. 인권은 누구나 동등하게 보호받아야 한다.

그 당시 순간적으로 승리만을 생각했을 뿐, 그 제자가 입었을 상처를 생각하지 못한 것이 지금도 후회스럽다. 왜 그렇게 생각이 짧았을까? 끝나고 마음이 편하지 않았다. 다음날 미안하다고 말을 했지만, 그 사과의 한마디가 그의 상처를 씻어주지는 못하였을 것이다. 이미 상처를 주고 미안하다고 하는 것이 무슨 소용이 있을까?

학생을 교육의 주체로 생각하지 못하고 그냥 숫자 중의 하나, 수동적인 대상으로만 생각했던 것 같다. 그때도 머릿속에는 사르트르의 "존재는 본질에 앞선다."라는 말을 잘도 새기고 있었다. 인간은 존재 그 자체로 존엄한 것이지 어떤 목적을 이루기 위한 도구가 아니라는 것이다. 제자든 자녀든 어른의 뜻을 만족시키기 위한 도구가 되어서는 안 된다. 의사를 만들기 위한 도구도 아니고, 판검사를 만들기 위한 도구도 아니다. 인간은 어떤 누구에게 수단으로 이용되어서도 안 되고, 갈아 끼우면 되는 부품도 아니라는 것이다. 그냥 있는 그대로의 아이들을 왜 존중하지 못했을까? 씨름 우승이 뭐라고…….

내가 그의 이름을 불러 주기 전에는
그는 다만
하나의 몸짓에 지나지 않았다.

내가 그의 이름을 불러 주었을 때
그는 나에게로 와서
꽃이 되었다.

김춘수의 「꽃」의 일부이다. 아이들이 내게로 와서 꽃이 된 것은 그로부터 한참이 지난 후이다. 교직 생활의 절반이 훌쩍 지나고 나서야 그런 감정을 느끼기 시작하였다. 어리석은 장삼이사로 태어나서 늦게야 깨달았으니 누구를 탓하랴.

그래서 생각해볼 것이 있다. 계속해서 강화되고 있는 학교의 경쟁 구조이다. 경쟁이 심해지면 인간적인 사고와 인권에 대한 배려는 뒷전으로 밀리기 마련이다. 어떤 사람들은 선의의 경쟁이라고 한다. 학교 다니던 시절 수없이 들었던 말이다. 하지만 경쟁에서 선의가 가능할까? 선의의 경쟁! 설사 처음에는 그렇게 시작하더라도 경쟁에 임하게 되면 선의는 상실되어버린다. 요즘의 세태는 경쟁이 극심해지면서 더욱 그렇다. 이러한 경쟁 구조가 아이들은 물론 교사의 인성마저 메마르게 하는 것 같아 가슴 아플 따름이다.

학교 다닐 때 벌을 받으며 '선착순 경쟁'을 해 본 사람은 알 것이다. 일단 시작하고 보면 내 옆에서 누가 어떻게 달리고 있는지 눈에 들어오지 않는다. 오직 기준 등수 안에 들어서 빨리 벌을 면하는 것만이 목적이 된다. 달리기를 못 하는 나로서는 당해낼 재간이 없었다. 뒤에는 아예 천천히 달리다 그냥 돌아와 버린다. 선생님을 속이는 요령까지 터득하게 된다. 이게 경쟁의 본질이다.

지금도 경쟁의 도가니에서 허덕이는 학생들은 어떻게 자라고 있을까? 경쟁자의 공책을 숨겨버리는 아이는 누가 그렇게 만들었을까? 그들은 어떤 어른으로 자랄까?

3 교시

민주 교육,
너무 먼 당신

1

자율적으로 머리카락 잘라라!

두 번째 학교에서 근무하던 때이다. 80년대 초반, 농촌 지역 고등학교였다. 학생부장(당시 학생 주임)과 학생 두발 단속에 대한 얘기를 나누었다.

"교칙에 나와 있으면 좀 지켜야지."

"그렇지요. 그런데 3센티는 너무 짧은 것 같아요. 이발하고 얼마 안 돼서 금방 길어버릴 거예요."

"그렇기는 해."

"저 고등학교 때 처음으로 3센티 스포츠머리가 나왔는데. 아직도 3센티네요."

"그래도 그 이전에는 빡빡 밀고 다녔는데 많이 좋아졌지."

거기까지는 그래도 크게 의견 차이가 없었다.

"아이들은 더 기르고 싶어 미칠 거예요. 머리카락이 남보다 더 길면 멋있게 보이잖아요. 벌 받더라도 더 길러보고 싶을 거예요."

"그렇겠지. 알아서 자율적으로 단정하게 자르고 다니면 얼마나 좋아. 꼭 단속을 해야 교칙을 지킨단 말이야. 아이들이 자율성이 없어."

"아이, 과장님. 학생들에게 자율권을 안 주잖아요. 이미 학교에서 3센티로 정해놓고 그 안에서 알아서 하라는 것은 자율성이 아니라, 강제성 같아요."

'자율'이라는 말에 나는 그냥 넘어갈 수가 없었다. 아니 나도 모르게 말이 나와버렸다. 그때 학생부장 선생님은 비교적 까다롭지 않았고 대화하면서도 남의 말을 들어주려고 하는 그런 분이었다. 그렇지만 기본적인 기성세대의 고정관념은 어쩔 수 없었다. 내 말을 들은 학생부장의 얼굴은 조금 일그러진 듯했지만 그래도 다시 웃으며 넘어갔다.

그 뒤로 몇 년이 지나 6월 항쟁이 일어났고, 촛불 혁명이 일어났다. 그런데 아직도 학교에는 교장이, 혹은 교사들이 일방적으로 정해놓은 교칙을 그대로 지키고 있다. 학교는 교육하는 곳이기 때문에 교사들이 교칙을 정해서 교육해야 한다고 생각하는 사람들이 많다. 그런 세월이 쭉 유지되면서 당연한 것이 되어버렸다.

유학자들이 군사부일체(君師父一體) 사상을 중시해오던 역사에다, 일제강점기에 식민 교육을 강화하기 위해 학교에서 교사의 권한을 절대시했던 영향이 클 것이다. 그런 교육을 받아온 사람들이 다시 교사가 되어서 또 제자들을 그렇게 가르치니, 그것은 불변의 진리가 된 것이다. 유학자들이야 수신(修身)을 제1의 덕목으로 하니 나름대로 가르침의 기준이 엄격하여 그러한 가치가 통했을 것이다. 그러나 일제강점기에 실시한 교육은 수신이나 깨우침을 목적으로 하는 것이 아니라 식민화를 위한 세뇌의 수단이었다. 그래서 교육 내용뿐만 아니라, 머리는 물론이고 옷과 신발과 행동까지도 군대식으로 통제하여 길들이고자 했다.

어느 날 일제강점기의 학생 사진을 보며 문득 그런 생각이 들었다. 군대식 복장, 군대식 머리… 이런 것들은 학생들을 통제하기 위한 것 아닌가? 교사가 긴 장검을 차고 수업하는 모습도 간간이 볼 수 있다. 교사가 책을 든 것이 아니라 장검을 찼다는 것은 통제하겠다는 뜻이다. 정말 끔찍하지 않을 수 없다.

그런데 안타까운 것은 광복이 된 지 수십 년이 되었는데도 우리는 그 군대식 교육에서 완전히 벗어나지 못했다는 것이다. 내가 고등학교 시절 처음으로 빡빡머리에서 앞머리를 3센티까지 허용하는 스포츠머리로 바뀌었으니 광복 이후 30년 만이다. 그리고 목까지 조이는 교복에 반드시 모자를 쓰고,

군대식 거수경례를 붙여야 했다.

88년 올림픽이 개최되자 외국인 보기에 민망스럽다고 교복을 폐지하였지만, 올림픽이 끝나고 나서 2년이 지나지 않아 다시 교복을 입기 시작하였다. 올림픽 이전보다는 조금 편리해진 옷이지만 제복이기는 마찬가지이다.

그런데 교복을 다시 입게 되는 과정이 또한 참담하다. 형식적으로는 교사와 학부모와 학생들의 의견을 수렴하여 자율적으로 교복을 입게 되었다. 그런데 제일 먼저 교복을 입게 된 학교는 그 지역에서 잘나가는 고등학교, 일명 명문 학교였다. 당시는 대도시를 제외하고는 학생들을 성적순으로 선발하던 시절이다. 그러니 어느 지역에나 명문 취급을 받는 학교가 있었다. 그 학교에서부터 교복을 입기 시작하였다. 그러자, 다른 학교들도 하나둘 교복을 입기 시작하여 모든 학교가 교복을 입게 되었다. 그 이유야 여러 가지가 있겠지만 명분상으로 내세운 가장 중요한 이유는 그래야 학생답다는 것이었다. 특히 교사와 부모들이 그렇게 생각하였다.

학생답다는 것이 무엇인가? 왜 제복을 입어야 학생다운 것인가? 우리나라 말고 어디 그렇게 생각하는 나라가 있는가?

사람의 고정관념이 참 무서운 것이다. 보고 들은 것이 자기의 생각을 만든다는 것도 무서운 것이다. 그렇게 생각하면 일본의 식민화를 위한 세뇌 교육은 성공한 것이다. 국민에게 스스로 노예의식을 심어줬으니 말이다. 그리고, 광복 이후 이승만 정권과 박정희 정권 또한 일본의 식민 교육을 그대로 답습하여 세뇌 교육을 통해 자신들의 독재 정권을 유지하려 했다.

자기 스스로 생각의 껍데기를 깨고 부화하는 것은 참으로 어려운 것인가? 이미 남이 정해준 머리 길이 3센티를 스스로 지키는 것이 자율이라는 어처구니없는 모순을 어떻게 극복해야 할까?

최근에 일부 학생들이 머리나 옷을 통제하는 것은 신체의 자유를 억압하는 것이라고 인권위에 문제를 제기하여 긍정적인 답을 얻었다. 고무할 만한 일이다. 그렇게 스스로 껍데기를 깨고 나오는 모습이 아름답다. 그러나 아직 많은 학교는 여전히 머리 길이와 옷을 가지고 통제하고 있고, 상당수는 그것이 학생을 학생답게 하는 올바른 교육이라고 믿고 있다. 아직도.

2

반장의 완장

1) 대리 통치자, 반장!

"그럼, 급장이 부르는데 안 가?"

이문열의 『우리들의 일그러진 영웅』에 나오는 한 대목이다. 학급 반장인 엄석대는 학급을 완전히 장악하고 있다. 담임도 어쩌지 못할 정도로. 한 부분을 더 인용해보자.

> 이런저런 얘기를 다 듣고 난 엄석대는 어른처럼 팔짱을 끼고 무언가를 생각하는 눈치더니 제 줄 앞에 앞자리를 가리키며 말했다.
> "너는 저기 앉도록 해. 저게 네 자리야."
> 그 갑작스러운 지시에 나는 약간 정신이 들었다.
> "선생님이 저기 앉으라고 하셨는데……."
> 문득 되살아나는 서울에서의 기억으로 그렇게 대꾸했지만, 얼마 전의 투지는 되살아나지 않았다. 엄석대는 내 말을 못 들은 척 넘어갔다.
> "어이, 김영수, 여기 한병태와 자리 바꿔."
> 석대가 그 자리에 앉았던 아이에게 그렇게 말하자 그 아이는 두말없이 책가방을 챙겼다.

그에게 맡겨진 우리 반의 교내 생활은 다른 반보다 모범적이었다. 그의 주먹은 주번(週番) 선생님들이나 6학년 선도(善導)들의 형식적인 단속보다 훨씬 효율적으로 우리 반 아이들의 군것질이나 그 밖의 자질구레한 교칙 위반을 막았다. 그에게 맡겨진 청소 검사는 우리 교실을 그 어떤 교실보다 깨끗하게 하였으며, 우리의 화단을 드러나게 환하게 했다. 또 그에게 맡겨진 실습 감독은 우리의 실습지에서 가장 많은 수확을 안겨주었으며, 그의 강제 할당으로 우리 반의 비품은 그 어느 반보다 넉넉했고, 특히 교실 벽은 값진 액자들로 넘쳐날 판이었다. 그가 이끌고 나가는 운동팀은 모든 반(班) 대항 경기에서 우리 반에 우승을 안겨 주었고, '돈내기'란 어른들의 작업 방식을 흉내 낸 그의 작업 지휘는 담임선생들이 직접 나서서 아이들을 부리는 반보다 훨씬 더 빨리, 그리고 번듯하게 우리 반에 맡겨진 일을 끝내주게 했다. 별로 대단한 건 아니지만, 그가 주먹으로 전 학년을 휘어잡아 적어도 우리 반 아이가 다른 반 아이에게 얻어맞는 일은 없게 된 것도 담임선생으로서는 그리 불쾌하지 않았을 것이다.

반장(급장)이라는 완장의 힘은 대단하였다. 담임이 만들어준 힘이기도 하고, 관습이 만들어준 힘이기도 할 것이다. 실제로 관료주의가 팽배한 사회에서도 완장의 힘은 대단하다. 유신정권 시절에 정부에서 권장하는 유신 벼를 심지 않았다고 면사무소 직원들이 찾아와 논에 심어놓은 벼를 뽑아버리는 일도 있었다. 나도 비슷한 경험을 한 적이 있다. 70년대 후반, 그러니까 통일주체국민회의 대의원들이 체육관에서 대통령을 뽑던 시절이었다. 대학을 다니던 중에 통일주체국민회의 대의원 선거가 있어서 학교가 쉬자 고향에 내려갔다. 그런데 마을 이장이 찾아와 빨리 가서 투표하라는 것이다. 하지 않겠다고 했더니, 배우는 학생이 그러면 되느냐. 국민이면 당연히 투표해야 한다며 꾸지람하듯이 설교하였다. 거수기 만들어주는 투표를 하지 않겠다거나 투표를 거부하는 것도 의사표시의 하나라고 설득해봐야 먹힐 것 같지도 않고, 그렇다고 고향 마을에서 어르신과 싸울 수도 없는 일이어서 하는 수 없이 오후에 조금 시원해지면 가서 투표하겠다 하고 넘어갔지만, 그때 이장은 매우 권위적으로 완장의 힘을 발휘하였다.

독재 국가에서 독재 권력을 지탱하기 위해서는 독재자가 부릴 수 있는 세력을 만들어야 한다. 혼자서는 독재를 할 수 없기 때문이다. 그리고 그 세력에게 적당한 이권과 힘을 주어 그들에게 대신 국민을 통치하게 한다. 그래서 통치자가 있고, 통치자를 받들어 대리 통치를 하는 완장 계급이 생긴다. 일제도 그렇게 우리나라를 지배했다. 우리 국민 중에서 문제의식 없이 일본에 순종적인 사람을 뽑아서 적당한 권력을 나눠주고 우리 국민을 다스리게 한 것이다. 당시에 면장, 군수, 판사, 순경, 대의원 그들이 바로 일본의 대리 통치자 노릇을 했다.

그런데 안타깝게도 광복 이후 민주 공화국의 학교에서 교육이 그렇게 이루어져 왔다. 반장을 뽑아 그 반장에게 담임의 권한을 위임하여 학급을 다스리게 하였다. 그것을 잘하는 담임이 유능한 담임으로 인정받기까지 하였다. 그래서 어떤 담임은 투표 없이 아예 그럴 만한 학생으로 반장을 임명해버렸다. 초등학교 때부터 여러 번 반장을 해본 학생 중에는 그런 것에 익숙해져 알아서 잘하는 학생이 많았다.

본질은 이거다. 학생의 대표로서 학급 회의 의장으로서 학생의 입장을 대변해야 할 반장이 담임의 참모가 되어 동료 학생을 억압하는 대리 통치자가 되어있는 것이다. 아무 문제의식도 없이.

물론 처음부터 일은 잘못되어 있었다. 담임의 역할 말이다. 담임은 통치자여서는 안 된다. 담임이 학생을 길들이는 대상으로 여겨서는 안 된다. 담임이 학생을 부하로 여겨서도 안 된다. 담임은 조력자여야 한다. 그런데 우리의 학교 교육은 그렇게 되지 않았다. 일제강점기 교육의 속성에서 벗어나지 못한 채로 한국전쟁과 분단, 군사 독재를 겪으며 학교는 마치 군대의 아류처럼 되어버렸다.

그래서 소대장이 분대장에게 시켜 소대원을 통치하듯, 담임이 반장을 시켜 아이들을 통치하게 하는 현상이 생긴 것이다. 반장은 친구들에게 벌을 주고, 손바닥을 때리기도 하고, 벌금을 매기기도 하였다. 친구 사이가 지배하는 자와 지배받는 자로 구분이 되어버린 것이다. 담임이 반장을 통해 학급을 다스렸다고 해야 맞을 것이다. 담임이 학생을 다스려야 한다는 생각도 바뀌어야 하겠지만, 반장이 담임으로부터 위임받은 권력으로 친구들을 통치하는 것은 더더욱 잘못된 것이다. 반장들은 대부분 힘이 세거나 성적이 높은 학생들이었다. 그 반장들이 학교에서 배운 버릇은 사회에 나가서도 이어지고 있는 것 같다. 우리 사회의 상당수 엘리트가 자신이 보통의 시민보다 우위에 있으며, 시민들을 개나 돼지와 같다고 생각하는 것 같다. 이러한 의식을 노골적으로 드러내는 행태는 학교에서 체득한 게 아닐까.

학교에서 반장들은 담임 교사의 행정 보조 역할을 하는 경우도 많다. 그럴 수밖에 없는 것이 수없이 서류를 나눠주고, 조사하고, 걷어야 한다. 3월이면 하루에 서너 가지 서류를 나눠주고, 조사하고, 걷는다. 대부분 부모 동의를 받아야 하는 것들이 많다. 그런데 학생 중에는 서류를 잃어버리거나, 부모에게 보여주지도 않고 가져오는 경우가 많다. 하나하나 점검을 하려면 몇 시간씩 걸릴 일이다. 학기 초와 학기 말은 그런 행정 사무 때문에 수업에 집중할 수가 없다. 불가피하게 반장의 힘을 빌릴 수밖에 없다.

나도 처음에는 반장에게 잔일도 시키고, 반장을 통해 학급을 다스리려는 생각도 해보았다. 그러나, 잔일을 시키는 것 일부를 제외하고는 곧 멈추었다. 잔일을 시키는 것도 멈추어보려고 했지만, 감당이 안 되었다. 우리나라의 행정은 피라미드 구조이다. 권리는 위로 가져가고 책임은 아래로 내려보낸다. 학교에서도 담임은 교육 행정의 말단에서 학생들과 학부모들과 부딪혀야 한다. 담임이 모든 행정 책임의 방패막이가 된 듯한 느낌이다. 수없이 많은 조사를 해야 하고, 수없이 많은 서류를 나눠주고 걷어야 하고, 수없이 많은 지시 사항을 전달해야 한다. 누군가 자율 학습에서 빠지고자 한다면 학생과 부모의 동의서가 필요하고, 방과 후 수업을 듣지 않겠다 해도 학생과 부모의 동의서를 받아야 하며, 학부모 회의 불참 시에도 학생과 부모의 동의서를 받아 놓아야 한다. 학생들도 귀찮으니 자기들이 부모님 서명까지 대신 해버린다. 교사는 알면서도 학교에서 재촉하니 반장이 서류를 모아오면 그냥 넘긴다. 정말이지 학기 초, 학기 말에는 정신을 놓게 된다. 이렇게 반장은 담임의 대리인이 되어간다.

2) 담임 교사: 통제자에서 상담자, 조언자로 바뀌어야 한다

반장은 담임의 보조가 아니라 학급 회의의 의장이어야 한다. 그리고 학생들의 대변자여야 한다. 나는 반장 선거 전에나 선거 후에 꼭 그 말을 일렀다. 반장을 비롯한 임원 선거는 〈선거법〉의 절차에 따라 진행하였다. 학교에서부터 민주 시민 정신이 길러져야 하고, 올바른 지도자의 품성을 익혀야 하기 때문이다. 학교에서 민주적이지 못한 삶을 살다가 갑자기 사회에 나가서 민주 시민이 되는 것은 불가능할 것이다.

하지만 학교 행정은 반장의 위상을 그렇게 조성해주지 못하고 있다. 반장이 학급 학생의 대표로서 역할을 제대로 찾아가려면, 담임 교사가 학생들을 통제하고 행정 관리자로서 군림하는 구조부터 과감하게 버려야 한다. 담임이 교복 단속을 하고, 두발 상태를 단속하고, 억지로 방과 후 수업을 듣게 하고, 자율 학습에 참여하도록 강요하고, 갖은 서류를 걷는 그런 일에서 벗어나야 한다. 그런 담임 교사의 모습은 학생들의 눈에 지시자, 통제자, 처벌자의 모습으로 비칠 수밖에 없기 때문이다. 그러니 학생들과 소통할 수 없다.

담임 교사는 학생의 심리 상담자, 학습 조언자의 역할을 해야 한다. 통제자가 동시에 상담자가 될 수는 없다. 학생들이 고민이 있어도 담임 교사에게 고민을 털어놓고 싶은 마음이 생기지 않는 것은 평소에 담임을 통제자로 인식하고 있기 때문이다.

과감히 행정 체계를 개혁해야 한다. 교복 검사, 두발 검사 등 구시대 유물은 없애면 되는 것이고, 방과 후 수업이나 자율 학습이 필요하다면 담임 교사를 거치지 않고 별도의 창구를 두어 희망하는 아이들만 신청하도록 바꾸면 된다. 담임 교사는 전문가로서 심리 상담자와 학습 조언자의 위치로 돌려놓아야 한다.

그래야 반장도, 학생들도 자신의 역할을 제대로 찾아갈 수 있을 것이다. 적어도 민주 국가의 교육이라면 그렇게 변해야 한다.

3

건의 사항은 "연필로 쓰세요."

1) 회의라도 제대로 된다면

국회에서 회의하는 장면을 생중계로 보고 있으면 참으로 답답하기도 하고 분통이 터지기도 한다. 국민을 대표하는 사람들의 수준이라는 것이 말꼬투리나 잡고, 자기와 생각이 다르면 삿대질을 하며 고함을 치거나 몸싸움까지 하기 일쑤다. 한심하기 그지없다.

20대 국회에서는 상임위 참석을 못 하게 하려고 감금까지 하였다. 오죽하면 〈국회선진화법〉까지 만들었을까만, 그것도 소용이 없었다.

생각해보면 그럴 만도 하다. 학교 다닐 때부터 정답과 오답만 있는 선다형 문제를 풀면서 흑백논리에 길들고, 누군가 규칙을 정해주면 따르기만 하였을 것이니 말이다. 나와 생각이 다른 사람의 의견도 틀린 것이 아니라 다른 의견이라는 것, 스스로 지켜야 할 규칙을 정해 보는 것, 이런 것을 느껴보지도 경험해보지도 못했을 것이니 말이다. 토론은 없고 비난만 있다. 나와 다르면 나쁜×이고, 특정 지역에 산다는 이유만으로 죄인이 된다. 조금이라도 비판적이면 빨갱이 소리가 나온다.

언제 제대로 된 회의를 한 번이라도 해보았을까? 제대로 된 토론을 한 번이라도 해보았을까? 다른 사람의 의견이 나와 다를 수 있으며, 상대방의 의견을 존중해주어야 나도 존중받을 수 있다는 것을 구경이나 해보았을까? 본래는 학교에서 그런 교육이 이루어져야 한다. 그런데 우리의 학교에서 그런 교육을 언제 해보았던가?

반장: 다음에는 건의 사항 있으면 말씀해주십시오.

학생: ……

반장: 건의 사항 없습니까?

학생: (조심조심 손을 드는 학생이 있다)

반장: 말씀해주십시오.

학생: 교실 바닥에 쥐구멍 좀 막아주십시오.

반장: 교실 바닥에 쥐구멍 좀 막아주라는 건의 사항이 나왔습니다.
(서기에게) 야, 연필로 써라. 다른 건의 사항 없습니까?

담임: 왜 그 건만 연필로 쓰라고 해?

반장: 그렇게 써야 합니다.

담임: 왜?

처음 발령을 받은 후 경험했던 실제 회의 모습이다. 학창 시절에도 그랬지만, 교사로 처음 발령받아서 본 회의 모습도 그대로였다. 학교에서 정해준 안건으로 회의를 한다. 안건은 실내 정숙, 청소 철저, 인사 잘하기 그런 것들이었다. 회의가 제대로 될 리 없다. 그 후에 건의 사항을 받는다. 건의 사항이 제출되었는데 토론이 없는 것도 이상하지만, 그것을 회의록에 연필로 쓰는 것도 황당한 일이다. 그 건의 사항을 들어줄 수 없으면 쉽게 지울 수 있도록 그렇게 시켰을 것이다. 만일 잉크로 써서 지우개로 지울 수 없으면 회의록을 찢어내고 다시 쓰기도 했다.

그 건의 사항을 수용할 것인지 아닌지의 최종 결정은 교장이 한다. 즉, 결정은 교장이 하고 싶은 일인가, 하고 싶지 않은 일인가에 따라 달라지는 것이다. 학교에서의 모든 결정은 교장이 하기 때문이다. (요즘도 크게 바뀌지는 않았다.) 그래서 학교를 교장 왕국이라고 하였다. 그 근거는 〈초 · 중등교육법〉이다. "교장은 교무를 통할(統轄)하고, 소속 교직원을 지도·감독하며, 학생을 교육한다."라고 명시되어 있기 때문이다. 게다가 당시에는 〈초 · 중등교육법〉에 "교사는 학교장의 명에 따라 학생을 교육한다."라는 조항까지 있었다.[7)]

그러니 모든 결정은 교장이 하고, 교사는 그 명에 의해 학생들을 교육하면 되는 형식이었다. 학생은 피교육자로서 교사의 명에 의해 움직여야 했다. 민주주의와는 거리가 멀어도 한참 멀었다. 교장은 교사를 관리·감독하고, 교사는 그 명에 의해 학생들을 관리·감독하도록 했다. 그러니 학생자치회가 제대로 될 까닭이 없다. 학교에서 정해준 안건으로 형식적인 회의를 하였다. 조금 심하게 얘기한다면 회의록 작성을 위한 회의였다.

내가 교사 첫 발령을 받아 경험한 첫 학급 회의 시간에도 그랬다. 학생이 건의하자 반장은 서기에게 회의록을 연필로 쓰라고 당부하였다. 대강 짐작은 하였지만 놀란척하며 왜 그러느냐고 물었더니 1, 2학년 때에도 그렇게 해왔다는 것이다. 선생님이 그렇게 시키셔서 그랬다는 말도 덧붙였다. 아마 담당 선생님이 처리 곤란한 건의 사항은 지워버릴 생각으로 그렇게 시킨 모양이다. 이제는 그렇게 하지 말라고 했더니, 반장이 오히려 나를 걱정해주었다. 부반장도 옆에서 거들며 나를 걱정해주었다. 아마 1, 2학년 때도 임원을 지내며 그런 관습에 익숙해진 모양이다. 걱정하지 말라고 했지만, 그들의 걱정은 사라지지 않았다. 아마 그들은 속으로 나를 신규 교사라 뭘 모른다고 생각했을지도 모른다.

나는 학생들에게 건의 사항이 있으면 그대로 학급 회의 일지에 써서 제출하게 했다. (실제로 건의 사항은 거의 제출되지 않았다.) 처음에는 학생과장이 난색을 드러내기도 했지만 몇 번의 대화를 통해 설득할 수 있었다. 그 뒤

---

7) 현재 〈초 · 중등교육법〉은 "교사는 법령에서 정하는 바에 따라 학생을 교육한다."라고 바뀌었다.

로 어려운 건의 사항이 없어서 어떻게 넘어가기는 했지만, 약간의 난관도 있었다. 길든 관습을 바꾸기 위해서는 크든 작든 갈등은 필요하다. 그 갈등이 두려워 피하려고만 하면 세상에 바뀌는 것은 없다. 크든 작든 변화에는 반드시 누군가의 노력과 희생이 필요하다.

건의 사항까지도 교사에 의해 선별되고, 통제된다면 이건 심각한 민주주의의 훼절이라 할 만하다. 그렇게 어린 시절부터 길들고 있는 현실이 가슴을 먹먹하게 만들었다. 누가 이들을 이렇게 길들였는가?

길든다는 것은 사전적으로는 익숙해진다는 것이다. 자기 선택 없이 무엇에 익숙해지는지도 모른 채로 길들면 정체성을 상실하게 된다. 그렇게 길들면 스스로 자기 삶을 구속해버린다.

학교에서 그렇게 길든 아이들이 사회에 나가서 어떻게 민주주의를 일상화할 수 있을까? 지금 정치적으로는 민주화가 되었다고 하지만 실제의 일상이나 사회 현상을 보면 그렇지 않다. 흑백논리와 배타주의와 진영논리가 만연해있다. 엘리트 집단이라고 자부하는 국회의 회의 모습마저 거의 추태에 가까운 수준이다. 이런 현상에 대해 학교는 얼마나 책임이 있을까?

『어린 왕자』에서 여우는 자기를 떠나 장미에게 돌아가는 어린 왕자에게 "너는 잊어서는 안 돼. 네가 길들인 것에 너는 언제까지나 책임이 있으니까."라고 말한다.

회의는 민주 사회를 현실화하는 데 매우 중요한 수단이다. 회의가 구성원들의 의견을 진심으로 수렴하고 활발한 참여를 거쳐 진지하게 이루어지고 의결이 된다면 누구도 그 구성원들의 뜻을 저버리거나 억누르기 힘들다. 회의만 정상적으로 이루어져도 그 집단은 독재하기 힘들어진다. 반대로 독재가 이루어지는 곳에서는 어디나 회의부터 변질되거나 회의답지 않게 이루어진다.

요즘은 학급에서 아예 학급 회의가 사라져버렸다. 자치 활동으로 편성되었지만, 대부분은 계기 교육이나 자율 학습 시간으로 활용하고 있다. 잘못된 회의를 경험하게 하는 것보다 차라리 안 하는 것이 더 낫다고 생각해서 그러는 것일까?

2) 회의, 이렇게 해보면

〈교육기본법〉에는 이렇게 규정되어 있다.

"교육은 홍익인간(弘益人間)의 이념 아래 모든 국민으로 하여금 인격을 도야(陶冶)하고 자주적 생활 능력과 민주 시민으로서 필요한 자질을 갖추게 함으로써 인간다운 삶을 영위하게 하고 민주 국가의 발전과 인류공영(人類共榮)의 이상을 실현하는 데에 이바지하게 함을 목적으로 한다."

학교에서 민주 시민으로서 필요한 자질을 갖추게 하는 것은 의무이다. 우리나라의 정치인이 정치를 잘하네, 못하네 하며 탓하기 전에 우리 국민이 정말 민주 시민으로서 역량을 가지고 살아가고 있는지를 먼저 생각해볼 필요가 있다. 어떤 사람은 정치인만 잘하면 나라가 선진화될 것처럼 얘기하지만 그렇지 않다. 물론 '윗물이 맑아야 아랫물도 맑다'는 것은 당연하다. 그러나 윗물이 맑은 것은 필요조건이지, 충분조건은 아니다. 함께 맑아야 한다.

모든 국민이 민주 시민의 자질을 익히고 실천해야 한다. 제도의 민주화도 필요하지만, 국민의 자질이 함께 변해야 세상이 변할 수 있다. 그런 의미에서 학교 교육과 학급 회의는 매우 중요하다. 학교 운영이 민주화되어야 하고, 학교 운영이 민주화되기 위해서는 학급 회의가 제 역할을 해야 한다.

학생이 피교육자라는 이유만으로 교육의 주체 역할을 빼앗아버리면 안 된다. 교육의 주체 역할을 빼앗아버리면 노예 교육이 되어버릴 가능성이 크기 때문이다.

그런데 대부분의 학생은 회의라는 것에 긍정적이지 않다. "우리가 회의해서 건의해 봤자 선생님들이 알아서 하고, 교장님이 알아서 하잖아요."라는 반응이 학생들의 일반적 인식이다.

민주주의의 가장 기본적인 토대가 될 수 있는 학급 회의마저 제대로 이루어지지 않는 것은 매우 불행한 일이다. 더욱이 학생들이 회의에 대해 회의적(懷疑的)인 태도를 보이는 것은 미래를 암울하게 하는 비극이 아닐 수 없다.

민주시민의 자질을 기르기 위해서는 학생 자치가 실질적으로 이루어져야 한다. 학생 자치의 토대가 되는 학급 회의도 함께 이루어져야 한다. 그런데 학생들은 회의를 하고자 하는 의지도 부족하고, 그 방법도 모른다. 아무래도 교사의 안내가 필요한 시점이다. 그런데 교사 중에도 회의다운 회의를 해본 경험이 없는 경우가 많을 것이다. 학창 시절에도 회의를 제대로 안 해보았을 것이고, 학교 교무 회의도 회의답게 이루어지지는 못하고 있으니 말이다.

민주적인 회의 진행을 위해서 몇 가지 요약해보자. 경험을 바탕으로 한 것이다.

1. 가장 주의할 것은 방법에 대한 안내자만 되어야지, 의결과정에 관여해서는 안 된다. 교사가 의결과정에 관여하면 학생들은 바로 회의 무용론에 빠질 것이니, 하지 않는 것만 못하다.

2. 의결 절차와 방법만 명확해도 꽤 의미 있다.

① 일의제(一議題)의 원칙

회의에서는 언제나 한가지의 의제만을 상정하여 다루어야 하며 동시에 2

개 이상의 의제(안건)를 상정하여 다루어서는 안 된다는 원칙이다. 예컨대 동아리 활동 지원에 관한 건과 학교 신문 발간에 관한 건이 동시에 상정되어 논의될 수 없다는 것이다.

2 의안 심의

논의할 의안이 모두 3개라고 가정한다면

1호 의안: 연말 불우 이웃 돕기에서 친구 ○○○의 병원비를 지원하자.
2호 의안: 학급 문집을 발간하도록 하자.
3호 의안: 반장 출마 자격에서 성적 제한을 없애자.

가) 제안 설명

이때 의장은 의원들을 향하여 "의안 심의 순서입니다. 연말 불우 이웃 돕기에서 친구 ○○○의 병원비를 지원하자는 1호 의안을 상정합니다. 1호 의안은 학급운영회[8]의 심의를 거쳐 제출된 의안이므로 봉사부장이 나와서 제안 설명을 해주십시오."라고 하면 된다.[9]

① 제안자는 지원금을 지원해야 하는 이유, 예산 조달 방법 등 자세한 부분에 관한 지식을 대의원들(학급 구성원)에게 설명함으로써 의원들의 정확한 의사 결정에 도움을 준다.[10]

---

8) 학급을 운영하면서 나는 부서장들을 포함한 임원들로 학급운영위원회를 구성하여 학급 회의 전에 안건 준비를 위한 협의 회의를 하였고, 의결 사항을 집행하면서도 임원회에서 자주 협의하여 집행하도록 하였다.

9) 학생회의 경우에 대의원들이 제출한 의안이라면 제출한 대의원이 나와서 제안 설명을 하면 된다.

10) 운영위원회 협의를 거쳐서 학급 회의에 제출된 의안의 제안 설명에는 협의 과정에서 소수의 반대 의견이 있었다면 반대 측 의견도 동시에 보고하는 것이 의원 전체가 의안의 성질을 정확하게 파악하는 데 도움이 된다.

② 제안 설명은 원안을 처리하는 과정에서 발생하는 보조동의, 부수동의, 우선 동의에는 적용되지 않으며 원안이나 원안에 대한 수정 동의안들에만 해당된다.

나) 질의

① 질의라는 것은 의안에 대해 의문점을 제안자에게 물어서 밝히는 것이다. 질의는 원안이나 원안에 대한 수정안들에 대해서만 할 수 있다.

② 질의는 질문과 성격을 달리한다. 질의는 의안의 범위 내에서 하여야 하며 자기의 의견을 진술하여서는 안 된다.

③ 질의가 필요 이상으로 길어지면 의장은 질의 종결 여부를 묻고 이의가 없으면 질의는 종결된다. 또는 질의 종결 동의안이 의원으로부터 제출되면 재청을 받고 과반수 찬성으로 가결되면 질의는 종결될 수 있다.

다) 토론

표결에 앞서 제안 설명, 질의, 토론의 과정을 거치는 이유는 상정된 의안을 의원 전체가 구체적으로 완전히 이해하고 찬반의 신념을 확실하게 굳히고 표결에 들어가게 하기 위함이다.

① 의제 이외의 발언은 할 수 없다. 의제 외의 발언은 의장이 중지시킬 수 있고 의원은 의사 진행에 관한 이의 동의를 제출하여 가결되면 발언이 중지된다.

② 찬반 측 발언을 교대로 발언권을 주는 것을 원칙으로 한다. 한 번도 발언하지 않은 의원이 발언권을 요구하면 우선으로 발언권을 주어야 한다.

라) 표결

동의가 표결에 들어가는 시점은 더 이상 토론이 필요 없거나 토론이 종결

되었을 때이다.

수정동의안은 원동의의 토론이 종결된 시점에서 표결에 들어가기 전까지의 사이에 제출되어야 한다. 또 재수정동의안도 수정동의안의 토론이 종결된 시점에서 표결에 들어가기 전에 제출될 수 있다.

표결 순서는 재수정안, 수정안, 원안의 순이며, 수정안이 가결되면 원안은 표결하지 않는다.

원동의(원안)		**수정동의**		**재수정동의**
제안 설명 질 의 토 론	⇒	제안 설명 질 의 토 론	⇒	제안 설명 질 의 토 론
		▼		
		표 결		

③ 주의할 점

가) 물론 회의가 완전무결한 민주주의 원칙은 아니다. 가장 큰 맹점은 다수결의 원칙이다. 소수에 대한 배려 없이 다수결로만 밀어붙이면 오히려 집단의 분열을 초래할 수도 있다. 그렇기에 다수결은 소수의 의견을 존중한다는 정신이 선행되어야 한다.

사회자는 토론 과정에서 소수자의 의견을 충분히 들어야 하고, 필요하면 소수의 의견을 반영한 수정동의안을 통해 소수자가 소외감을 느끼지 않도록 해야 한다.

나) 원동의안, 수정동의안, 재수정동의안을 동시에 표결하여 다수결로 정하는 경우가 허다하다. 최악의 의사 결정 과정이다. 예컨대, 소풍 장소로 '흥국사' 안이 먼저 나오고, 수정안으로 '만성리 해수욕장' 안이 나오고, 재수정안으로 '순천 정원 박람회장' 안이 나왔다면 재수

> 정안부터 한 건씩 찬반을 물어야 한다. 이를 동시에 물어서 셋 중에서 하나를 선택하게 되면 과반의 동의도 못 얻는 안이 채택될 수도 있기 때문이다. 선거에서는 불가피하지만, 그 점을 보완하기 위해서 결선 투표를 하는 이유도 그 때문이다.

학교에서의 민주주의에 대한 실천적 습득은 민주 사회를 만들어가기 위한 매우 중요한 조건이다. 그리고 학교 민주주의의 기본 토대는 학급 회의이다. 학급 회의를 통해서 모든 학생이 회의의 중요성을 인지하고, 그 방법을 익히게 된다면 그들은 민주 시민으로서 성장할 수 있을 것이다.

학급 회의와 학생자치회가 그 역할을 할 수 있으려면 학교의 제도적 변화도 함께 이루어져야 한다. 학생들이 회의를 통해 결정한 것에 대해 존중할 수 있는 제도와 분위기가 갖추어져야 한다. 설사 학교에서 실행되기 어렵거나 실행 불가능한 의결이 이루어졌다 하더라도 학생 대표와 심의를 통해 해결 방법을 찾거나 설득을 해야 한다. 그래야 회의가 진지해질 수 있을 것이기 때문이다.

4

선거 유세도 하고, 홍보 벽보도 붙이고

서너 해 전에 농촌 지역 읍 단위에서 근무하는 선생님과 얘기를 나누다가 학생회장 선거에서 어떤 후보가 피자 공약을 하여 당선되더라는 얘기를 들었다. 그게 학생들만의 문제가 아니라, 우리나라 사회 현상일 수도 있다.

인간은 사회적이다. 인간은 자신이 속한 사회를 민주적 유기체로 만들기 위해 노력해왔다. 그래서 거대 구조인 국가에서부터 소규모 지방 자치 단체까지 시민들은 자신이 속한 집단의 대표를 직접 선출한다. 그것은 선거를 통해 실현된다. 선거를 어떻게 하느냐에 따라 더 행복해질 수도 있고, 더 불행해질 수도 있다.

우리나라도 1945년 광복이 되고, 3년의 신탁통치가 끝나자 직접 대표를 선출하는 대통령 선거, 국회의원 선거를 시작하였다. 그러나 민주주의에 대한 이해도 경험도 없던 국민에게 자신이 직접 대통령을 뽑는 것은 서툴고 어색하기만 했다. 그래서 소위 말하는 '고무신 선거', '막걸리 선거'가 되었다. 그 뒤로도 20여 차례에 가까운 대통령 선거를 거치고, 국회의원 선거를 거쳤다. 중간에 지방 정부 구성을 시도할 때도 있었지만 군사 쿠데타로 좌절되었다가 40여 년 만에 다시 지방자치단체장과 지방 의원들까지도 손수 뽑게 되었다. 그런데 선거로 뽑힌 대표 중에 참 저질인 인물이 많다. 혈연이나 지연이나 학연이나 금품도 작용한다. 그래서 당선자 중에는 사기 전과자, 폭력 전과자, 성폭행 전과자, 부동산투기꾼 등도 섞여 있다. 우선은 피선거권자의 자질을 고려하지 않고 정치력만으로 후보를 공천하는 정당이 문제이지만, 선거권자인 국민의 책임도 없다고는 할 수 없다.

학생들은 어떠할까? 이 학생들이 성장하여 어른이 되고, 피선거권자도 되고, 선거권자도 될 텐데 문제는 없는 것일까? 제대로 민주주의 교육이 이뤄지고 있는 것일까? 사회 시간에 이론 교육을 얼마나 해야 민주 시민으로 성장할 수 있는 것일까? 앞에 얘기했던 어느 중학교의 학생회장 후보만 그런 것일까?

학생들이 가장 가깝게 선거를 접할 수 있는 기회는 반장 선거이다. 그런데 반장 선거도 가끔은 아이들의 장난이 들어간다. 특히 1학년의 경우는 그러하다. 학연이 작용하기 때문이다. 급히 서두르다 보면 입학하고 나서 며칠 지나지 않아 서로를 모르기 때문에 같은 학교 출신에게 표를 주는 경향이 있다. 그렇더라도 괜찮은 학생이 선출되면 다행이다. 그런데 지도력은 없으면서 자기 이익만 챙기려는 학생이 당선되면 1년 동안 학생들이 피해자가 된다. 물론 담임도 꽤 애를 먹는다. 요즘처럼 입시와 관련하여 반장이 수혜를 입을 기회가 많아지면서 그런 경우가 더 많아졌다. 담임이 임의로 바꿀 수도 없다. 민주주의의 병폐이다. 그 피해는 선거권자인 학생들에게 고스란히 넘어간다.

반장 선거를 통해 민주 시민 교육을 할 수는 없을까? 조금만 신경 쓰면 임원 선거를 멋있게 할 수 있다. 물론 3월이라 교사들이 바빠서 정신이 없다. 그러나 조금만 시간 내서 준비하면 임원 선거 과정을 통해 훌륭한 민주 시민 교육을 할 수 있다. 다음과 같은 절차를 밟아서 해보았다. 이렇게 진지한 과정을 거치면 선거권자인 학생들도 진지해진다.

먼저 선관위를 구성한다. 임원에 출마하지 않을 학생으로 공정하게 선거관리를 하면 된다. 그러나 학생들은 그 절차에 익숙하지 않으므로 담임의 지속적인 관심과 안내가 필요하다.

다음에 선관위는 임원 선출 공고를 한다.

20○○학년도

○학년 ○반 임원 선출 공고

20○○학년도 ○학년 ○반 반장 및 부반장을 아래와 같이 선출하고자 합니다.

1. 공고: 20○○. 3. 3. (금)
2. 후보자등록: 20○○. 3. 6. (월) 17:00까지
3. 선 거 일: 20○○. 3. 13. (월) 자치 활동 시간
4. 후보자 등록요건: 학급의 대표로서 공동체 생활에 충실하고, 봉사할 학생으로 5인 이상의 추천을 받은 사람.
   * 반장, 부반장을 러닝메이트제로 할 수 있음.

5.선거운동
가. 기 간: 20○○. 3. 7. ~ 3. 10. (4일간)
나. 선거관리위원은 선거 운동을 할 수 없다.
다. 선거 운동에 사용할 벽보는 7일까지 선거관리위원회에 제출해야 한다. (규격: 4절지, 매수: 2장)
라. 벽보 내용은 성명, 사진, 공약, 선거 구호 등을 제시한다.
마. 합동 선거 유세: 20○○. 3. 8. (수) 창제 활동 시간

6. 투 표 일 정
가. 소 견 발 표: 13일 09:00 ~ 09:20 (20)
나. 투 표 실 시: 13일 09:20 ~ 09:30 (10)
다. 개 표 실 시: 13일 09:30 ~ 09:40 (10)

○○고등학교 ○학년○반 선거관리위원장
담임:○○○

학급 반 · 부반장 입후보 등록 신청서

학번: ○학년 ○반 ○번
성명:
주소:
전화:

본인은 선거관리규정에 의거 다음과 같이 선거권자의 추천을 받아 20○○학년도 학급 ()장에 입후보 등록을 신청합니다.

추천내용:

20○○. 3. 6.

추천인: 외 명

확인:

○○고등학교 ○학년○반 선거관리위원장

이 외에 후보 추천인 연명부를 만들어 제공하고, 투표용지를 만들어놓으면 된다. 투표가 끝난 뒤에 당선자를 공고하고 당선증까지 교부하면 좋다. 선거 벽보도 잘 관리하여 사진과 함께 기념으로 남겨주는 것도 의미 있을 것이다.

가장 이상적인 민주주의는 직접 민주주의이다. 직접 토론하고, 합의하고,

의결하는 것이다. 하지만, 국가 단위에서 직접 민주주의를 현실적으로 실행하기는 불가능하다. 그래서 간접 민주주의를 실시한다. 그러나 학급에서는 충분히 직접 민주주의 원칙에 맞는 학급자치회를 운영할 수 있다. 문제는 제도이다. 우리나라의 교육 풍토는 아직 학급자치회나 학생자치회를 그대로 인정하려고 하지 않는다. 아직도 교육이라는 이름으로 입법, 행정, 사법권을 모두 학교(교장 혹은 교사)가 가지고 있다. 등교 시간부터 학교생활, 그리고 하교 순간까지 학교에서 정해놓은 원칙에 따라 규제를 한다. 국가인권위는 학생들의 의견을 수용하여 교칙을 개정하도록 권장하고 있지만, 지금까지의 관례는 물론이고 교사와 학생들 모두 아직도 학교의 주도권은 교장 혹은 교사에게 있다고 여긴다. 학급 운영은 더욱 그렇다. 심한 경우에 입법, 행정, 사법을 모두 담임이 행사한다는 말이 빈말이 아니다.

이런 말을 하면 "학생들 하자는 대로 다 하자는 것이냐? 그러면 학교가 난장판 되지 않겠느냐?"라고 묻는다. 단도직입적으로 대답하자면 아니다. 민주적으로 운영하자는 말은 모든 것을 학생들 뜻대로 하자는 것이 아니다. 학생들이 자신의 삶을 결정하는 데 주체로서 최소한의 의사 개진을 할 수 있어야 하고, 의사 결정에도 참여할 수 있어야 한다는 것이다. 그래야 학생이 교육의 주체가 되는 것이다. 그 과정에서 교사와 협의도 하고, 협상도 하고, 설득도 하고 그러면 된다. 가끔은 어설픈 결정을 해서 시행착오를 겪을 수도 있을 것이다. 그것도 교육이다. 이미 혁신 학교를 비롯한 많은 학교에서 그런 시도를 하고 있다. 그 결과는 대부분 긍정적이다. 바람직한 일이다.

일반 학교에서도 쉬운 일은 아니지만 불가능할 것도 없다. 아직 그런 경험이 부족한 학생들은 자신이 학급의 주체로서, 학교의 주체로서 참여하는 일에 소극적이다. 그런 경험이 부족하다는 것, 그래서 자신이 주체이면서도 늘 제삼자인 것처럼 생활하는 것. 이것을 어떻게 해결할 수 있을까? 모든 교사의 인식이 바뀌고, 제도도 바뀌어야 가능한 일이다. 물론 생각을 바꾼다는

게 그렇게 쉬운 일은 아니다. 그러나 바꿔가야 한다. 시행착오를 겪더라도 시도해보아야 한다. 시도조차 두려워하면 변화는 요원하다.

교사들은 늘 정치가 잘못되었다고 비판하면서도 정작 학교에서 학생들에게 민주 정치를 경험할 수 있도록 기회를 제공하는 일에는 소홀했다. 제도의 문제일까? 교사의 인식 문제일까?

5

나도 모르게 차별하고 있었어

1) 차별당하는 사람은 있는데, 차별하는 사람은 없어!

우스갯소리로 "공부 잘하는 학생이 떠들면 활발한 것이고, 공부 못 하는 학생이 떠들면 산만한 것이다. 공부 잘하는 학생이 조용하면 차분한 것이고, 공부 못 하는 학생이 조용하면 의욕이 없는 것이다."라는 농담을 한다. 교과 성적에 따른 차별을 풍자한 말이다.

한때는 학생들의 성적을 석차 순으로 뽑아 학생들의 눈에 잘 띄는 벽에 공개하기도 했다. 우리 사회의 전통적인 교과 성적 중시 풍조가 반영된 결과일 것이다.

상황이 그러하니 학교에서는 성적 좋은 학생이 모든 분야에서 특혜를 받기 마련이다. 심지어는 학생회장이나 학급 반장도 성적 우수 학생으로 출마 자격을 제한하기도 하였다. 그런 학칙이 인권 존중의 원칙에 어긋난다 하여 인권위의 지적을 받았지만 지금도 그런 학칙을 유지하는 학교가 다소 있다고 한다.

차별은 그 외에도 많이 일어난다. 교사들이 인식하는 경우도 있고, 차별인 줄 인식하지 못하는 경우도 있다. 나는 키가 작은 편이고, 남들보다 어릴 때 학교에 다녔기 때문에 늘 맨 앞자리에 앉았다. 그래서 조금만 떠들어도 선생님께 걸려서 혼났다. 그때 들었던 소리는 "쪼그만 녀석이!"라든지 "콩알만 한 녀석이!" 같은 말들이었다. 아마 그렇게 말씀하신 선생님은 차별이라는 것을 모르셨을 것이다. 아마 동기는 선량하였을지도 모른다. 김지혜 교수는 이를 '선량한 차별주의자'라 하였다. 김 교수는 일상적으로 자연스럽게 차별하면서도 은밀하고 사소하여 모두가 놓치고 있는 차별의 순간을 예리하게 포착하여 지적하고 있다. 이왕에 얘기가 나왔으니 김지혜 교수가 『선량한 차별주의자』에서 말한 내용을 조금 다루어보기로 하자.

직장에서나 사회에서 종종 목격하는 갑질이야 누구나 차별이라는 것을 모르지 않을 것이다. 그러나 일상화되어 있으면서도 잘 인식하지 못하는 착한 사람들의 차별이 있다는 것이다.

머리말에서 지은이는 "차별을 당하는 사람은 있는데 차별을 한다는 사람은 잘 보이지 않는다."라고 날카롭게 지적한다. 이주민을 향해 "한국인이 다 되었네요."라거나, 장애인을 향해 "희망을 가지세요."라는 말이 칭찬이나 격려가 아니라 모욕적인 표현이라고 한다. 물론 모욕하려는 의도는 없었을 것이다. 그러나 그 말에는 "당신은 아무리 한국에 오래 살아도 한국인이 될 수가 없어.", "당신의 삶에는 희망이 없어."라는 뜻을 전제로 하고 있기 때문이다. 이러니 모욕당한 사람은 있는데 모욕한 사람은 없게 된다.

나도 학생들에게 그런 차별을 하지는 않았을까? "○○, 이제 사람 됐네.", "고등학생답지 못하게!", "그것도 모르니?", "나이도 어린 녀석이!" 이런 말을 가끔 했던 기억이 떠오른다. 위키백과에서 차별에 대해 찾아보았더니 차별의 대상도 함께 실려 있다. 읽어보고 놀랐다. 나도 의도치 않은 차별을 하고 있었다는 걸 인정할 수밖에 없었다.

연령 차별 · 계급 차별(카스트 · 적서 차별) · 장애인 차별 · 성차별(임신 차별) · 유전적 차별 · 인종 차별(외모 차별 · 머리카락 차별 · 키 차별 · 피부색 차별) · 성적 지향 차별(동성애 혐오 · 양성애 혐오 · 비이분법 · 트랜스포비아) · 종교 차별 · 직업 차별(임금 차별 · 홈리스 차별) · 연령 차별 · 언어 차별 · 서열주의 · 종 차별 · 학력 차별 · 에이즈 차별 · 성인 중심주의 · 박해(백색증 박해 · 자폐증 박해) · 반지성주의 · 왼손잡이에 대한 편견 · 반유대주의 · 양성애 혐오 · 엘리트주의 · 청소년 혐오 · 젠더리즘 · 노인 혐오 · 이성애규범성 · 이성애 중심주의 · 동성애 혐오 · 게이포비아 · 이슬라모포비아 · 레즈보포비아 · 남성 혐오 · 여성 혐오 · 네포티즘 · 어린이 혐오 · 역차별 · 종파주의 · 우월주의 · 트랜스 여성 혐오 · 트랜스포비아 · 제노포비아 · 하이퍼가미

나는 차별주의자가 아니라고 생각했었는데……. 차별했다. 나도 모르게.

최근에 어떤 건축학자의 책에서 읽은 내용도 나에게 충격을 주었다. "교실은 공부 잘하는 학생이 차지하고, 운동장은 축구 잘하는 학생이 차지하고 있다. 공부도 못하고, 축구도 못하는 학생은 쉬는 시간이 되어도 학교에서 갈 곳이 없다."라는 말이었다. 이 끔찍한 사실을 왜 더 진지하게 받아들이지 못했을까? 갈 곳 없는 학생들이 당하던 차별을 지금까지 눈 감고 있었던 것이다. 그러면서 그 건축학자는 공부도 못하고, 축구도 싫어하는 학생들에게 휴식의 공간을 마련해주어야 한다고 말하였다. 맞는 말이다. 그늘이 드리워지는 산책로도 좋고, 아기자기한 꽃들이 도란도란 피어있는 정원도 좋을 것이다. 학교에는 그런 공간이 있어야 한다. 그래야 학교에 정서도 있고, 상상력도 있고, 창의성도 있을 수 있다.

요즘 〈차별금지법〉 제정을 두고 일부 종교계에서 반대가 많다. 동성애자에 대한 차별 금지의 규제가 들어있기 때문이란다. 납득할 수 없는 일이다. 어떤 것은 차별해도 된다는 단서를 붙여서도 안 되고, 붙일 수도 없다. 인간을 어떤 기준으로 차별할 수 있다는 인식 자체가 옳지 않은 것이다. 기업인은 노동자와 같을 수 없다고 차별하고, 정규직은 비정규직과 같을 수 없다고 차별하고, 백인과 유색인을 차별하고, 부자 나라 국민과 가난한 나라 국민을 차별하고 그래서는 안 된다. 남자와 여자가 평등해야 하듯이 어떤 성을 가졌더라도 인간은 차별받아서는 안 된다. 또한, 〈차별금지법〉은 동성애자를 특

별 대우하라는 의도로 제정하는 것도 아니다. 최소한 인간으로서 존재를 인정해주고 차별하지 말자는 것이다.

왜 이렇게 차별이 일상화되었을까? 왜 차별을 하고 있으면서도 자신은 차별주의자가 아니라고 착각할까? 혹, 학교에서부터 무의식중에 차별을 일상화하면서 학생들에게 당연한 것으로 인식시키고 있는 것은 아닐까? 신체 조건으로 비하하거나 성적 조건으로 비하하거나 그러지는 않았을까? 물론 동기는 잘하라는 뜻으로 그랬을 것이다.

성적 비교만 해도 그렇다. 한때 '1점이 오르면 신랑이 바뀐다.', '대학 가서 미팅할래, 공장 가서 미싱할래?' 이런 급훈이 걸린 학급도 있었다고 한다. 이런 급훈은 성적이 낮은 학생의 인권을 철저히 짓밟고 있다. 이런 차별은 그대로 사회로 이어져 우등생은 고소득자가 되고, 열등생은 저소득자가 되는 것을 당연하게 여기게끔 유도하고 있다. 그 결과는 소득 격차로 현실화되어 나타나고 있다. 다른 나라에서 찾아보기 힘든 사례이다. 예컨대; 변호사·의사 등의 직종은 일반 노동자보다 몇 배 더 많은 소득을 올린다. 그 모습을 보며 사람들은 학교 다닐 때 공부를 잘했으니까 돈을 잘 버는 것은 당연하다고 한다. 이러한 차별 의식이 우리 국민의 머릿속에 각인되어버린 듯하다. 이 정도면 학교에서 학생들을 성적으로 줄 세워 차별을 내면화시키고 있다는 비판을 들어 마땅하다. 바꿔 말해 지금 최저생계비도 못 버는 저소득층의 가난을 오롯이 학교 다닐 때 성적이 안 좋았으니까 당연히 받아들여야 하는 숙명으로 각인시키고 있다면 비판받아 마땅하다는 것이다. 아이의 손을 잡고 길을 걷던 한 어머니가 하수도 청소를 하는 아르바이트 대학생의 모습을 가리키며 "너도 공부 못하면 저렇게 된다."라는 말을 거리낌 없이 하더라는 일화가 그냥 우스갯소리로 넘어갈 일일까? 우리 사회와 우리 교육의 비애가 담겨 있는 얘기인데도 말이다.

그런 차별을 숙명으로 받아들여야 하는가? 줄 세우기를 하면 어느 누군가는 꼴찌에 서야 하는데 말이다. 그 아이도 만일 공부를 못하여 일류대의 대열에 편입되지 못한다면 그 어머니의 저주를 오롯이 짊어지고 살아가야 하는데 말이다.

오래전 어떤 신문에서 독일의 잘나가는 중소기업의 사장을 인터뷰한 기사를 보았다. 사장이지만 중소형의 평범한 주택에서 평범한 승용차를 소유하고 있었다고 한다. 기자는 '사장인데 더 많은 보수와 더 큰 주택과 더 고급 승용차를 가져도 되지 않느냐?'고 질문을 하였더란다. 그랬더니 그 사장은 "나는 사람을 관리할 능력이 뛰어나서 사장이 되었고, 우리 회사 노동자들은 손재주가 좋아서, 혹은 수리 계산이 뛰어나서 노동자가 되었다. 모두 자기 맡은 분야에 최고의 사장이다."라고 답하더라는 기사였다. 차이는 인정하되 차별하지는 않는다는 것이다. 실제로 유럽 대부분 국가에서는 원청과 하청 간, 대기업과 중소기업 간, 정규직과 비정규직 간에 임금 차이가 크지 않다. 일반적으로 10%, 많아야 20% 정도의 차이밖에 나지 않는다고 한다. 독일에서는 오히려 비정규직이 정규직보다 더 많은 임금을 받기도 한다. 실업의 위험성이 있기 때문이라고 한다. 직종 간에도 마찬가지로 소득 차이가 심하지 않다. 그러니 학교에서도 굳이 성적으로 경쟁시켜 줄 세우기하고 차별하는 그런 일은 필요 없을 것이다. 피 마르는 암기로 성적 경쟁해야 하는 시간에 자기 적성을 기르며 행복한 꿈을 키워가는 가는 것. 그게 인간 사회의 아름다운 모습이 아닐까? 정글 사회가 아닌 인간 사회의 아름다운 모습 말이다.

사회가 되는 대로 교육은 따라가는 것일까? 교육이 먼저 바뀌어야 사회가 바뀌는 것은 아닐까? 교육을 백년지대계라고 인정한다면 후자가 맞는 말이다. 그런데 그게 맞는 말인지 의심하지 않을 수 없다. 세상 가는 대로 교육도 따라가기만 하는 것 같아서다. 교사가 먼저 변해야 할까? 세상이 먼저 변해야 할까?

2) 소통이 없으면

초년 시절 시내 여학교로 발령을 받아 고3 담임을 맡았을 때이다. 한 학생의 2학년 때 담임이 그 학생은 불안하고 탈선할 우려가 있으니 잘 지켜봐야 한다는 별도의 정보를 나에게 주셨다. 그 학생을 지켜보니 말이 별로 없고 다른 학생들과도 잘 어울리지 않는 것 같았다. 정말 관심이 필요할 것 같았다. 편지를 써서 상담 시간에 건네주었다. 나는 그때 어떤 책에선가 읽었던 "99마리의 양보다는 길 잃은 한 마리의 양을 구하는 것이 사랑이다."라는 성경에 나오는 말을 옳다고 여기고, 자애로운 교사가 되어 보겠다는 결심을 실천으로 옮기고자 했다. 또한, 형식적 평등이 아니라 도움이 절실한 사람에게는 더 많은 도움을 주는 적극적인 평등을 제공하는 방식이 옳다고 생각했다. 그게 탈이었다. 학생들은 나의 행동을 그렇게 순진하게 보지 않았다. 학생들은 부잣집 딸이라서 편애를 한다고 여겼던 모양이다. 그것도 한참 후에야 알았다. 실제로 그 아이의 집은 지역에서는 꽤 넉넉한 부자였던 것 같다. 졸업한 날까지 그 아이의 부모와 통화를 해본 적도 없었고 만난 적도 없었지만, 아이들의 눈에는 곱게 보이지 않았던 모양이다. 나중에 경험해보니 여학교에서 그런 행동은 정말 순진하고 바보 같은 짓이었다. 학년 초에 그렇게 일이 꼬이니 일 년 내내 아이들은 나에게 마음을 열지 않았던 것 같다. 교직생활 중 가장 힘든 한 해였다. 원인은 내 불찰이었으니 할 말은 없다. 그 일 때문에 다음부터 여학교 근무할 때에는 학생들에게 개인적인 배려를 적극적으로 하지 못했다. 마음 아픈 부분이다.

학생들은 교사의 차별을 가장 싫어한다. 교사가 부모의 재산이나, 학생의 성적 등을 가지고 차별한다고 느끼면 금방 알아차리고 싫어한다. 이런 노골적인 차별을 하는 교사는 거의 없겠지만, 별생각 없이 한 행동이 자신도 모르게 학생들에게 차별로 인식될 때도 있다. 발표를 시킬 때도 먼저 손을 드는 학생에게 눈이 먼저 가는 것이 인지상정이다. 하지만 우연히라도 어떤 학생에게 발표를 한 번이라도 더 시키게 되면 다른 학생들은 차별받는다고 여긴다. 눈에 보이는 어떤 행동을 칭찬해줄 때도 그런다. 칭찬받지 못하는 아이들은 차별받는다고 여기는 경우가 있다.

한번 학생들에게 차별하는 교사로 인식되면 마음을 얻을 수 없다. 그렇게 되면 교사가 아무리 애를 써도 학생들과 소통하기가 힘들다. 소통이 힘들어지면 학생들에게 좋은 교사가 되기는 힘들다.

하지만 "형식적 평등 혹은 기회의 평등이 올바른 평등인가?"라는 질문에는 여전히 "아니오."라고 대답할 것이다. 그런 형식적 평등은 조건의 불평등으로 인해 결과의 차별을 강화하기 때문이다. 오히려 형식적 평등은 능력주의로 포장되어 계급을 재생산하고 불평등을 강화하기 때문이다.

이 지점에서 교사는 매우 신중하고, 진지해질 필요가 있다. 학생들의 개별적 차이점을 인정한다면 그 개별의 특성에 맞게 적절한 도움이 필요하다. 그러나, 그 개별적 도움이 또 다른 사람에게는 역차별을 받는다는 인식을 줄 수 있다. 어떻게 하면 개인적 배려와 사회적 공정이 조화롭게 이루어질 수 있을지 많은 고민을 할 수밖에 없다.

4 교시

수업 일기

1

녹음기 던져버리기: 토론 수업, 이렇게 했다

교사가 된 지 5년이 지나고 시골 학교에서 도시 학교로 옮겼다. 나의 뜻과는 상관없이 그렇게 발령이 나 있었다.

옮기자마자 바로 3학년 수업을 하게 되었다. 교실의 분위기가 정말 엄중했다. 선발 고사로 학생을 뽑던 시절, 지역의 중심 여학교 3학년 국어 수업! 8반부터 10반까지 3학급을 맡아 매일 본 수업 5시간 내외, 보충 수업 2~3시간, 그 외에 학급 회의(자치 활동), 클럽 활동(동아리 활동)까지 하루에 보통 7~8시간의 수업을 해야 했다. 같은 반을 하루에 3~4시간씩 들어가서 수업을 했다. 둘째 해부터는 담임을 하며 밤 11시까지 자율 학습(?) 지도를 해야 했다. 끔찍한 혹사였다. 교재 연구하랴, 업무 처리하랴 정말 잠을 잘 시간이 부족하여 오후가 되면 수업하면서 졸았다. 머리에서는 아무 생각이 없이, 입에서 기계적으로 소리만 나오는 그런 수업을 할 때가 많았다. 실제로 수업하다가 엉뚱한 소리를 할 때도 있었다. 그렇게 3학년 수업을 3년 동안 계속하였다. 몸은 지쳐갔다. 입시를 준비하는 3학년 학생들의 살벌한 분위기가 교실을 압도하여 쉬어갈 여유조차 없었다.

그때 내가 완전히 기계가 된 듯싶었다. 이 반에서 한 소리를 저 반에서도 녹음기처럼 똑같이 하고 있었다. 중학교 시절 국어 선생님이 떠올랐다. 그때 국어 선생님은 수업할 내용을 녹음해 와서 수업시간에 녹음기를 틀어주셨다. 책 한 구절 읽고 설명하고, 또 한 구절 읽고 설명하고 그걸 녹음해 와

들려주신 것이다. 그런데 지금 내가 인간 녹음기가 되었다는 생각이 들었다. 이 학급 저 학급 들어가서 똑같은 소리를 반복하고 있는 것이다. 내 모습이 초라해졌다.

교육이란 무엇인가? 인간을 인간답게 기르는 것이다. 인간다움이란 무엇인가? 인간은 생각하는 존재이다. 그런데 생각의 그릇을 키워주지는 못할망정 똑같은 소리를 해가며 똑같은 내용을 암기시키며 아이들을 기계로 만들고 있는 나 자신이 한심했다.

그때는 수학 능력 시험 대신에 학력고사를 보던 시절이다. 학력고사는 교과서 내용을 분석하여 암기만 하면 만점을 맞을 수 있었다. 누가 암기를 더 많이 하느냐가 점수를 결정하였다. 그러니 교과서를 분석하여 책에 새까맣게 써서 암기시키는 교육이 거의 전부였다. 시골 학교에 근무할 때에는 원리를 이해시키기 위해 노력하였다. 그런데 도시 지역 선발 집단의 3학년 학생들은 이해시키는 설명보다는 암기를 많이 시키는 것이 중요했다. 녹음기! 나는 녹음기! 기계가 또 다른 기계를 만들고 있다는 생각이 들었다. 더 이상 그런 수업을 하고 있어서는 안 되겠다는 생각이 내 머리에, 내 가슴에 채워졌다.

다음 해에 3학년을 뿌리치고 1학년을 맡았다. 그리고 강의식 수업에서 벗어나기로 마음먹었다. 일단 교과서를 분석하였다. 그리고 학습 요소를 질문 형식으로 정리하여 학생들에게 스스로 찾아보고 발표해보게 하였다. 학생들도 그런 경험이 없어 혼자서는 힘들 것이니까 6명씩 모둠을 구성해서 같이 하게 했다. 당시에는 한 학급이 60명씩이었다. 그래서 10개 모둠을 만들어 협력 학습을 했다.[11)]

물론 쉽지는 않았다. 우선 학생들이 싫어했다. 학생들의 불만인즉슨, 선생님이 요약정리해서 가르쳐주면 되는 것을 왜 머리 아프게 만드느냐는 것

---

11) 일반적으로 토론 학습이라고 한다. 그러나 그 성격은 토의 학습, 협력 학습의 성격을 띠고 있다.

이었다. 충분히 이해는 되었다. 그런 수업을 받아본 적도, 구경한 적도 없었을 것이기 때문이다. 그때가 1989년이었다. 교사인 나도 토론 수업, 학생 주도적 수업을 구경해본 적도 없고, 직접 해본 적도 없었기 때문이다.

나는 학생들을 설득하고 또 설득하며 토론 수업을 해나갔다. 교육이라는 것이 교사와 학생 중에서 누구의 능력을 길러야 하는가? 학생이다. 그런데 강의식 수업은 교사의 능력만 길러준다. 교사는 수업을 준비하며 수업할 내용을 찾아보고 따져보며 준비를 할 뿐만 아니라, 수업시간에도 어떻게 설명을 해야 할지 계속 머리를 써야 한다. 그런데 학생들은 어떻게 하는가? 그저 교사가 밑줄 그으라면 긋고, 암기하라면 암기하고 그렇지 않은가? 학생들의 지식은 늘어나지만, 사고력은 마비된다. 교사의 능력만 개발된다. 그건 학습이 아니다. 학습(學習)이란 배우고(學) 익히는(習) 것이다. 습(習)은 스스로(自) 날갯짓(羽)을 해야 한다는 뜻이다. 그러지 않으면 죽은 지식이다.

한편으로는 철학적으로 설득하기도 하였다. 인간이란 무엇인가? 파스칼이 무어라 했느냐? '인간은 생각하는 갈대'라고 했다. 생각이 없으면 짐승과 같다. 동물도 반복하면 지식을 습득한다. 그러나 생각이 없으니 판단력이 없다. 인간만이 생각할 수 있다. 생각하는 힘을 길러야 한다. 데카르트도 "나는 생각한다. 그러므로 존재한다."라고 했다. 이 말을 바꿔 말하면 생각이 없으면 인간이라고 할 수 없다는 말이다. 생각하면서 공부하면 성적도 오른다. 정말 우수한 학생은 생각하면서 공부한다.

정말이지 수없이 설득하고 또 설득했다. 3~4월은 그렇게 해갔다. 매년 그랬다. 그러다 5~6월이 지나면 아이들이 조금씩 변해갔다.

처음에는 단순하게 교과서 내용을 학생들 스스로 분석하고 발표하게 했다. 조금 익숙해지면 교과서 내용과 관점이 다른 글을 소개하고 모둠별 토론을 시도해보기도 하였다.

수업을 준비하는 일이 쉽지는 않았다. 우선 교과서 내용을 분석하여 학생들이 스스로 찾아보도록 매시간 질문지를 만들어야 했다. 또한, 교과서 내용과 관점이 다른 글을 찾아서 분석하여 대비시키는 자료를 만들어야 했다. 긴 글은 읽어주고, 질문지는 칠판에 써주었다. 그때만 해도 철필로 등사지를 긁어 손으로 한 장씩 밀어서 인쇄를 하던 때라 인쇄를 매번 할 수도 없어 그렇게 할 수밖에 없었다. 한 학기가 지나면 학생들이 어느 정도 자기 주도 학습에 적응하며 발표력도 향상되는 것을 눈으로 확인할 수 있었다. 조금만 더 보완해가면 좋은 교육이 되리라는 믿음이 생겼다.

그렇게 2년을 하고 여천에 있는 남학교로 옮겼다. 1991년이다. 남학교에서는 책상을 옮기며 모둠을 만드는 일이 부담스럽고, 또 모둠이 만들어지면 소란스러워 옆 교실 수업에 방해가 될까 걱정이 되어 2명씩 앉은 채로 토론 학습을 해보았다. 처음에는 학생들이 부담스러워했지만 두어 달 지나니 이전의 여학교 학생들보다 오히려 좋아했다. 당시에는 모의고사를 보면 타 학교와 비교하고 그랬는데 성적 향상도가 타 학교에 비해 높은 편이었다. 어느 정도 자신감도 생기고, 재미도 붙었다.

토론 수업이 계속 순탄했던 것만은 아니다. 1988년 전국교직원협의회(전교협)이 창립되고 다음 해에 전국교직원노동조합(전교조)으로 전환 창립하면서 학교가 소란스러워졌다. 그때까지도 전교조는 불법 단체였고, 혼란은 계속되었다. 나는 적극적으로 활동하는 편이었다. 징계도 받았다. 학교 운영 문제에도 부당한 것이 보이면 늘 건의를 하며 관리자들과 대립 상태가 반복되었다. 그러자 담임 교사직에서 배제되기 시작했다. 담임을 못 맡게 되자 교과 배정도 자투리 배정이 되었다. 담임을 맡은 교사들에게 우선 교과 배정을 하고, 담임이 없는 나는 각 학년의 자투리 시간을 조금씩 맡게 되었다. 같은 과목을 내가 맡은 반만 다른 방식으로 수업을 하면 학생들도 불안해하였다. 어찌해볼 도리가 없었다. 내가 한 학년 혹은 한 과목을 혼자서 맡은 해에는 토론 수업을 하고, 그렇지 않으면 또 주입식 강의 수업을 해야 했다.

그곳에서 5년 근무를 마치고 1996년 이웃한 여자고등학교로 전근 가게 되었다. 가서 바로 1학년 수업을 전담하였다. 같이 1학년 국어를 맡은 동료 교사가 토론 수업을 긍정적으로 이해해주고, 같이 토론 수업을 해주겠다고 하셨다. 큰 행운이었다. 물론 수업 자료는 내가 모두 만들어서 제공했다. 교과서가 바뀌어 새 교과서를 분석하여 질문지를 만들고, 교과서의 내용과 대비되는 자료를 찾아서 토론지를 만드느라 새벽 두세 시에 잠드는 날이 많았다.

모르는 사람들은 토론 수업이나 학생 중심 수업은 학생들이 주도적으로 활동하는 수업이니 교사는 편할 것이라는 오해를 한다. 말도 안 되는 소리다. 지금까지 경험상 강의식 수업만큼 편한 방법이 없다. 내가 아는 만큼 강의하면 되니까. 학생 중심 수업은 우선 준비가 충분하지 않으면 수업 진행 자체가 안 된다. 학생들이 흥미롭게 토론할 수 있는 질문을 던져야 하고, 그 내용이 학습 목표에도 맞고 타당성도 가져야 한다. 그러면서도 단편적인 것이 아니라 서로 의견을 주고받으면서 생각을 키울 수 있는 수업이 되어야 한다. 요컨대, 토론 수업의 성패는 교사가 던지는 질문에서 이미 결정된다. 또한, 학생들이 토론하면서 엉뚱한 방향으로 빠질 때 바로 잡아주어야 하고, 다양한 질문에도 대비해야 한다. 학생들이 토론하다 막히면 정답을 바로 가르쳐주는 대신에 문제를 해결해가는 실마리를 제시해주어야 한다. 학생들의 감각에 자극을 주는 것이다. 그러면서도 논리적이어야 한다. 소크라테스식 문답법을 적용하면 좋다. 그 과정에서 금기가 하나 있다. 절대로 교사가 확정적인 정답을 제시해주면 안 된다는 것이다. 그렇기에 토론 수업을 준비하는 것은 강의식 수업을 준비하는 것보다 몇 배의 수고를 들여야 한다. 그리고 수업 중에도 늘 긴장해야 한다. 토론 수업은 학생들이 하는 것이니까 교사는 편할 것이라고 말하는 사람은 토론 수업에 대해 무지한 것이다.

그런 탁마(琢磨)의 기간을 거치며 어느 정도 토론 수업의 짜임새가 갖추어져 갔다. 교사가 질문을 던지고 학생들이 찾아서 협의해서 발표하고, 교과서의 내용과 다른 내용을 대비하며 토론을 하고 그랬다. 이게 교육다운 교육 아닐까? 시험만 끝나면 쓰레기통으로 가는 잡다한 지식을 욱여넣는 교육이 아니라, 학생들이 스스로 생각하고 찾아보고 따져보며 자신의 능력을 키워가는 교육이니 말이다. 콩 시루 안에서 뿌려주는 물을 받아먹으며 연약한 콩나물로 자라는 것이 아니라, 밭에서 비바람도 맞고 햇볕도 쏘이면서 콩 나무로 자라는 그런 교육이니 말이다.

1996년은 여러 가지로 토론 수업을 할 수 있는 좋은 조건이 형성되었다. 마침 그때 1학년 담임 교사들 다수가 토론 수업을 함께 하겠다고 나선 것이다. 내가 각 반에 모둠을 구성해주고, 토론 수업 요령을 연습시켜주었다. 그랬더니 사회, 과학, 영어 등 여러 교사가 응용력을 발휘하여 더 멋있는 토론 수업, 학생 중심 수업을 실시하였다. 그 결과는 어떠했을까? 타 학교와 수능형 모의고사 점수를 비교해 본 결과, 상대적으로 괄목하도록 점수가 향상되었다. 수능 유형의 점수는 단기간에 쉽게 변하지 않는다. 그런데도 많은 점수가 향상된 것이다. 그보다 더 중요한 조건 또 한 가지는 1994년부터 대학입학수학능력고사제도(수능)가 도입되어 토론 수업이 요구되었다는 것이다. 이전 학력고사는 교과서에 나오는 단편적 지식을 묻는 문제였다면 수능은 이해하고 응용하고 분석하고 비판할 수 있는 능력을 묻는 문제로 바뀌었다. 언어영역 문제의 지문도 모두 교과서 밖에서 출제되었다. 이제 교과서 암기로는 통하지 않는 문제를 접하게 된 것이다. 게다가 여학생들의 차분하면서도 적극적인 수업 참여는 토론 수업을 더욱 흥미롭고 유의미하게 만들었다.

그렇게 4년이라는 시간이 지나갔다. 꽤 의미 있는 시간이었다. 그 뒤로도 토론 수업은 계속되었지만, 교과서가 자주 바뀌고 준비하는 것이 힘들어 그 때처럼 열심히는 못 하였다. 그리고 같은 학년을 맡은 교사와 협의가 잘 안 되거나, 3학년 수업을 맡게 되어 토론 수업을 포기할 때도 가끔 있었다. 더욱이 이명박 정부에서 사교육을 줄인다는 구실로 수능 예상 문제를 만들어 EBS 강의를 한 뒤로는 학교에서 문제 풀이 방식의 수업이 많아졌다. 특히 3학년은 EBS 문제집을 푸는 것이 강요되다시피 했다.

말이 나왔으니 수능 제도의 문제점 몇 가지만 얘기하고 넘어가자.

EBS 문제집에서 수능을 출제하는 건 교육을 망치는 일이라 생각한다. 고등 사고 능력을 길러야 할 고등학교 교육이 EBS 문제집을 들고 문제 풀이 수업이나 하고 있다면 학생 개인에게나 국가적으로나 불행한 일이다. 우리나라처럼 입시가 교육을 장악해버리는 나라에서 노골적으로 문제집 풀이를 유도한다면 비판적 사고, 창의적 사고의 신장을 억누르는 거나 다름없다.

또한, 수능 문제의 유형이 과거 학력고사에 비해 한 단계 높은 문제라는 것은 인정하지만 선다형이라는 문제 형식은 그 한계이다. 5개의 항목 중에서 정답은 하나이고, 나머지 넷은 오답이어야 한다. 그 하나를 고르거나 찍어야 한다. 조금 알고 있어도 잘못 고르면 0점이고, 모르는 내용이라도 잘 찍으면 만점이다. 아는 만큼 점수를 맞는 것은 없다. 오직 정답과 오답만 있다. 흑백논리만 길러진다. 남이 만들어놓은 문항 중에서 고르기만 하면 된다는 것도 한계이다. 학생들에게 얕은 공부만 하면 된다는 신호를 준다. 비판적 사고도 창의적 사고도 필요 없다. 언제까지 이런 시험에 청춘을 맡기고 인생을 걸어야 하나! 수능은 자격 고사 정도로 바뀌어야 한다.

학교 시험도 논술형으로 바뀌어야 한다. 지금부터라도 목표를 설정하고 준비를 해가야 한다.

그리고 고등학교는 선다형 문제집 풀이가 아닌 고등학교 교육 과정에 맞는 정상적인 교육을 해야 한다. 그러면 대학에서 자기들이 자기들 기준을 만들어 신입생을 선발해야 한다. 왜 고등학교가 대학에서 할 일을 다 해주느라 줄 세우기를 하며 교육을 망쳐야 하나! 교육을 망친다는 것은 학생들을 망친다는 것이다. 입시에 맞추느라 건강한 인간을 길러주는 것이 아니라 괴물을 만들고 있지는 않은지 생각해 볼 일이다.

2

학생들의 입 열어주기

초등학교 저학년 수업 장면을 보면 서로 발표를 하기 위해 야단이다. 그런데 학년이 높아질수록 그런 모습은 줄어든다. 고등학생이 되면 수업시간에 아예 입을 닫아버린다. 친구들과는 그렇게 재잘대며 얘기를 잘하던 학생들도 정작 발표를 시키면 입을 닫아버린다. 왜 그럴까? 그 이유가 자못 궁금하지 않은가? 질문을 해봐도 다수의 학생은 마지못해 발표한다. 당연히 대부분 한마디로 끝이다. "좋아요.", "싫어요.", "맞아요.", "그래요." 이런 식이다. 왜냐고 물으면 "그냥이요." 또 그걸로 끝이다.

초등학교 저학년 시절에는 그렇게도 발표하고 싶어 했던 아이들이 왜 고등학생이 되면 입을 닫아버릴까? 가끔 몇몇 교사들이 모여서 그 이유를 토론해 본 적이 있다.

- 첫째는 발표하기 위해 의사를 표시하지만, 자신이 발표자로 지명되지 못하는 경험이 반복되며 의욕을 잃어버리기 때문이다. 누구나 세 번, 네 번 손을 들어도 지명되지 못하면 그다음부터는 포기한다는 것이다. 학급당 학생 수가 많을수록 발표 기회를 얻기는 힘들 것이다.
- 둘째는 정답만을 요구하기 때문이다. 질문은 늘 정답만을 요구하기 때문에 오답을 발표하면 무시당하는 경험을 했을 것이고, 그로 인해 자신감을 잃거나 발표에 두려움을 갖게 됐을 수 있다.

• 셋째는 대개 학년이 올라갈수록 질문에 대한 답을 도출하는 과정이 어려워져서 대답하기를 두려워한다.
• 마지막으로 늘 교사가 옳고 그름을 판단하고 결론을 내리는 과정이 반복되면, 학생들은 자기의 생각을 가져서도 안 되고 가질 필요도 없도록 길든다. 그래서 교사의 생각에 맞는 답은 정해진 뻔한 답이거나, 알 수가 없으므로 발표할 필요성을 못 느낀다.

이를 정리해보면 이렇다.

사실 명제에 관련한 질문에서는 정답이 정해져 있다. 그런데 학년이 올라갈수록 질문의 수준이 높아져 성적이 우수한 학생이 아니면 대답하기가 어렵다. 그래서 오답을 발표하다 창피를 당하느니 가만히 있는 것이 더 낫다고 생각하게 된다.

가치 명제나 정책 명제와 관련된 질문에서는 교사의 의중에 맞는 답을 해야 한다. 그래서 발표해봐야 결국은 교사가 재단해서 결론을 내린다. 자기 생각을 얘기했다가 잘못하면 웃음거리만 되니 가만히 있는 것이 더 낫다.

원인을 알면 해결책도 보인다. 사실 명제에 관해서는 모둠에서 상호 도움을 통해 공동으로 해결하게 한 후 발표토록 한다. 그러면 모둠에서 공동으로 내린 결론이므로 맞고 틀린 것에 대한 부담이 줄어든다. 틀리더라도 "그렇게 찾았네요. 이와 다르게 찾은 모둠 있으면 발표해보세요."라고 질문을 던진다. 다른 의견이 나오고, 두 의견을 비교하여 차이점을 분석하다 보면 틀리게 대답한 모둠에서도 대부분 스스로 정답을 찾아간다.

가치 명제나 정책 명제와 관련된 질문에서는 어떤 대답이 나오든 "그 모둠에서는 그렇게 생각하고 있군요."라고 인정해주는 것이 필요하다. 그리고 "또 다른 의견이 있는 모둠에서 발표해볼까요?"라고 발표를 유도하여 학생들이 서로 다르게 생각한다는 것을 인정하는 과정이 필요하다. 사실 가치 명제나 정책 명제는 절대적으로 옳거나 절대적으로 그른 것은 없다. 가치의 상대성을 인정해야 한다. 교사 간에도 생각이 다르다. 그런데 교사라는 지위를 이용하여 자기 생각을 강요하는 것은 무리한 요구이다. '그렇다면 모든 주장을 다 받아줘야 하는가?'라는 생각이 들 것이다. 아니다. 상대적이라고 해서 다 옳다는 것은 아니다. 옳은 주장에도 가치가 더 높은 주장이 있고, 그 가치가 덜한 주장이 있다. 옳지 않은 주장에도 아주 옳지 않은 주장이 있고, 덜한 것이 있다. 그런데 그 판단도 교사가 정리해주는 것은 바람직하지 않다. 그냥 학생들에게 질문을 던져서 스스로 고민하게 해야 한다. 어떤 생각을 발표하면 "그렇게 했을 때 억울한 사람은 없을까? 그렇게 했을 때 갑은 억울하게 피해를 보게 되는데 그렇게 해도 될까? 그러한 정책을 상대방이 인정할까? ○모둠과 ○모둠의 주장을 비교해보면 어느 쪽 주장이 더 다수에게 유리하고, 장기적으로 가치 있을까?" 등의 질문을 통해 스스로 생각하고 판단할 수 있도록 해야 한다.

자기의 생각이 인정받는다고 여겨지면 학생들은 발표하고 싶어 한다. 인간은 누구나 표현의 욕구와 인정받고 싶은 욕구가 있기 때문이다. 보통의 인간이라면 누구나 자신을 더 멋있게 꾸미고 싶어 하고, 자기의 생각을 더 세련되게 표현하고 싶어 한다. 그리고, 남에게 자신의 존재감을 인정받고 싶어 한다. 욕망이 강한 청소년기에는 더하다. 그래서 표현의 기회를 주고, 인정받는다고 여겨지게 하면 아이들은 발표한다. 물론 단순한 칭찬과는 구분해야 한다. 나는 맹목적 칭찬은 오히려 주의해야 한다고 본다. 거짓된 칭찬인지, 진실된 칭찬인지는 아이들이 먼저 느낀다. 거짓된 칭찬이라고 느끼면 오히려 부작용이 생길 수도 있다. 칭찬하고 싶다면 "말솜씨가 좋은데요. 논리적이어서 설득력 있네요.", "조정래의 『태백산맥』을 예로 든 것은 아주 참신한 비유인데요. 책을 많이 읽은 사람 아니면 그렇게 설명하기 힘든 것인데 말입니다." 이렇게 구체적으로 칭찬을 해주는 것이 좋을 것이다. 교실이 아닌 운동장이나 복도에서 우연히 만났을 때도 칭찬을 해주고 싶다면 "목소리가 참 좋았어. 다음에 아나운서 해도 잘하겠어." 이렇게 해주면 좋을 것이다.

그런데 왜 학생들에게 꼭 발표를 시켜야 할까?

인간은 정치적이기 때문이다. 인간은 관계 속에서 살아간다. 그 관계는 말을 통해서 이루어진다. 자신의 생각을 말을 통해서 표현하고, 또 상대방의 말을 들으며 관계를 맺어간다. 말 중에서도 85% 이상이 음성언어인 입말을 통해 이루어진다. 자신의 생각을 자신 있게 입 밖으로 옮길 수 있을 때 자신감을 가지고 사람과의 관계를 맺어갈 수 있을 것이다.

그리고 말은 의식의 표현이기 때문에 말로 표현을 해봄으로써 생각을 정리할 수도 있고, 자신의 부족한 점을 깨닫기도 한다. 학생들에게 발표를 시켜보면 그렇게 어렵지 않은 주제임에도 자신의 생각을 잘 표현하지 못하는 경우가 허다하다. 생각할 시간을 주고 말을 시켜보아도 마찬가지이다. 그런 경우, 실제 발표를 해봄으로써 머릿속에 막연하게 있던 생각을 정리하여 발표하는 방법을 터득하게 되거나, 자신이 그 주제에 대해서 아는 것이 부족하다는 것을 깨닫게 될 것이다. 자신이 모른다는 것을 아는 것도 중요하다.

또한, 상당수 학생이 가지고 있는 대중 공포증을 치료할 수도 있다. 처음에는 다소 더듬거리고 쑥스러워하지만, 다른 학생들도 그러는 모습을 보면서 자신감을 찾아가고 차츰 좋아지는 모습을 볼 수 있다. 다만 말을 중단하고 있더라도 재촉하는 일이 없이 기다려주어야 하고, 요구하는 바가 아니더라도 "그렇게 생각할 수도 있겠구나." 정도로 동의해주는 것이 필요하다.

가끔은 학급의 분위기가 지나치게 차분하여 수업 분위기가 딱딱해지는 반이 있다. 그런 학급에서 적극적인 수업 참여가 요구되는 경우, 틀에 박힌 토론 형식을 취하지 않고도 학생들의 감정을 다소 자극하는 적대적인 논제를 던져 발언을 유도할 수 있다. 학생들이 보편적으로 생각할 수 있는 것과 반대 관점으로 질문을 던져 적극적인 참여를 유도해보는 방법이다.

예컨대, 남학생 교실이라면 "상대적으로 더 치밀하고 섬세한 성격을 소유한 여성들이 사회를 지배할 때 세상은 더 아름다워지지 않을까요?"라고 질문을 던지고, 여학생 교실이라면 "상대적으로 더 힘이 강하고 키도 큰 남성이 사회를 지배할 때 세상은 더 발전하지 않을까요?"라고 질문을 던진다.[12] 그러면 교실은 소란스러워진다. 그럴 때 조용히 듣고 있다가 평소에 발표에 소극적인 학생을 지명하여 "그 주장에 동의합니까?"라고 물으면 대개는 "아니오."라고 답한다. 그때를 놓치지 않고 "일어나서 그 이유를 한번 말해볼래요?"라고 요구하면 대부분 일어나서 발표한다. 학생들의 반대 토론에 교사가 대응해주며 양성평등에 관한 얘기를 풀어가면 좋다. 이때 너무 감정적으로 격분해서 발표하는 학생은 차분하게 감정을 가라앉게 한 후에 기다렸다가 그 이유를 합리적으로 설명해보도록 한다.

이러한 방식은 다른 논제에도 얼마든지 적용할 수 있다. 풀어가고자 하는 논제의 반대 관점으로 논제를 던지면 된다.[13]

나이에 따른 차별에 대해서 얘기하고자 한다면 "선배들이 무엇을 시키든 그 일에 순종하는 것이 후배의 도리이겠지요?"라고 질문하면 여기저기서 볼멘소리가 나온다.

능력주의에 대해 얘기하고자 한다면 "지금 학교의 성적대로 평생 소득을 분배하는 법률을 국회에서 만들면 정의로운 사회가 될 수 있겠지요?"라고 말하면 교실은 소란스러워진다. 물론 그럴 때 교사가 차분히 들어주고 학생

---

12) 성차별이란 오해를 불러일으킬 수 있으니 토론 후에는 반드시 양성평등 차원에서 마무리 정리를 해줄 필요가 있다.

13) 토론을 위한 논제는 기존 질서나 상태를 변화시키려는 요구를 담은 진술이어야 한다. 그런데 이런 경우에는 의도적으로 학생들의 발표를 유도하기 위한 것이므로 학생들이 풀어가야 할 반대 관점으로 논제를 설정하는 것이 좋다.

의 주장에 대해 반대 질문을 하면서 스스로 의견을 조정해가도록 하는 것이 중요하다. 가끔은 억지스러운 주장이 대립하기도 한다. 그럴 때도 교사가 결론을 내려주는 것보다는 대립하는 주장을 정리해주고 그것을 어떻게 조정하면 좋을지에 대해 다시 질문을 던진다. 그러면 대부분은 지혜롭게 해결책을 제시한다. 시작이 반이다. 다소 실수가 있더라도 시도해보는 것이 중요하다.

3

버려야 채워진다

1) 변화하는 세상, 뒤따라가는 교육

학생들을 집합시켜놓고 "선착순, 철봉을 돌고 온다. 실시!"라고 말하면 학생들은 번개처럼 달려간다. 먼저 도착한 3명을 제외하고 다시 선착순을 지시한다. 달리기 속도가 느린 나는 선착순이 끝날 때까지 달려야 했다. 더 생뚱맞은 것은 무엇을 잘못했는지도 모르고 그렇게 달렸다는 것이다. 이런 벌도 받았다. 초등학교 때 옆 반에서 벌을 받으니까 우리 반에서도 의리가 있어야 한다며 의자를 들고 벌을 받은 적이 있다. 어깨가 후들거리고, 머리에서부터 땀이 나기 시작한다. 그렇게 학급 전체가 의자를 들고 벌 받은 적이 한두 번이 아니었다.

그때는 한 학급에 60명씩이었지만 일사불란하게 움직였다. 내가 교직에 들어와서도 20여 년이 넘도록 한 학급에 인원이 60명씩이었다. 교사들이 사용하는 용어도 군대식 용어가 많았고, 벌을 주는 방식도 군대식이 많았다. 체육대회를 해도 제식 훈련부터 받았다. 고등학교 때에는 아예 교련 과목을 두고 군사 훈련을 받았다. 그러하니 학교가 마치 연병장 같았다. 매주 월요일 아침이면 운동장에 도열한 후, 교장 훈화를 들어야 했다. 내가 교직에 들어온 뒤로도 한참은 그런 모습 그대로였다. 올림픽을 전후해서 몇 해 동안 교복이 폐지되기도 했지만, 교육 방식은 크게 바뀌지 않았다. 경력이 많은 교사는 그때 학교와 요즘의 학교를 비교하기도 한다. 그러면서 "요즘, 세상

참 좋아졌다."라고 푸념한다. 가끔은 "그때가 좋았다."라는 푸념을 늘어놓는 교사도 있다.

세상은 변한다. 환경이 변화하면 사람도 변화해야 한다. 교사도 변화해야 한다. 문제는 그 변화를 긍정적으로 유도할 것인지, 부정적으로 유도할 것인지가 관건이다. 교사는 그 고민을 게을리하지 않아야 한다. 그래야 교육이 백년지대계가 될 수 있다.

수십억 년 전에 우주가 폭발하고, 지구가 만들어지고, 수많은 변화를 겪으면서 지금의 생태계를 이루고 있다. 지금도 모든 존재하는 것은 변화하고 있고, 우리가 살아가는 환경도 변화하고 있다. 지구 환경의 변화는 지구에 존재하는 생물들에게도 변화를 요구하고 있다. 개체 변이는 물론, 생활 방식의 변화도 일어난다. 더 빨리 변화하는 것도 있고, 더 느리게 변화하는 것도 있다. 능동적으로 변화하는 것도 있고, 피동적으로 변화하는 것도 있다.

사자의 삶은 오천 년 전이나 지금이나 그 방식에 큰 차이가 없다. 번식 방법도 그렇고 사냥 방법도 그렇다. 토끼나 사슴의 삶의 방식도 그렇다. 환경의 변화에 따라 피동적으로 변화하고, 느리게 변화한다. 그러나 인간의 삶의 방식은 다르다. 오천 년 전과 지금의 삶의 방식은 전혀 다르다. 능동적으로 변화를 시도하고, 속도가 빠르다. 그 변화의 속도는 더욱 가속도를 붙이며 빨라져 간다.

환경이 달라지면 가치관이 바뀌고, 가치관이 바뀌면 삶의 방식이 달라지기 때문이다. 삶의 방식이 달라지니 또 환경이 달라진다.

근대 이후 가치관의 흐름만 살펴봐도 알 수 있다. 산업 혁명이 일어나며 희망적 낭만주의가 등장하였지만, 얼마 지나지 않아 산업화의 부작용으로 배금주의와 인간 소외가 나타나자 퇴폐적 낭만주의가 등장한다. 그러한 모순을 극복해보고자 사실주의가 등장하고, 사회주의를 요청한다. 지금은 신자유주의가 팽배하여 빈부격차가 심해지자 현실사회주의를 요구하고, 무분별한 개발과 소비로 환경 파괴가 일어나자 생태주의가 등장한다. 그렇게 세상은 변한다. 변화가 항상 바람직한 방향으로 일어나는 것은 아니지만, 모순과 병폐가 드러나면 그것을 정상화하려는 노력도 함께 일어난다.

그러한 거시적 변화도 있지만, 눈앞의 미시적 변화도 끊임없이 일어나고 있다. 학생들을 보면 금방 알 수 있다. 지난해 학생들과 올해의 학생들이 다르다. 기성세대들은 군복 같은 교복을 입고, 빡빡머리에 군대식 모자를 쓰고 다녔지만, 지금 그런 교복과 모자를 강요하면 그 학교는 문을 닫게 될 것이다. 기성세대들은 교사에게 몽둥이로 맞는 것이 다반사였으며 심지어 뺨까지 맞아가며 다녔지만, 지금 그런 교사가 있다면 아마 다음날 수사를 받게 될 것이다. 과거에는 스승의 그림자도 밟지 말아야 한다고 했지만, 지금은 교사와 장난치는 일도 자연스럽다. 그렇게 세상은 변하고, 교사와 학생들도 변한다. 그러한 변화는 거부할 수도 없고, 부정할 수도 없다. 그런데 그러한 변화를 보면서 기성세대들은 걱정하기도 하고 위기감을 느끼기도 한다.

교사들도 다르지 않다. 이성적으로 생각하면 교사들이 변화에 앞장서야 한다. 미래를 살아갈 아이들을 가르치기 때문이다. 그러나 현실은 다르다. 교사들은 비교적 변화에 둔감하다. 과거의 지식을 기준으로 학생들을 가르치려고 하기 때문이다. 과거의 기준에다가 학생들을 맞추려고 하기 때문이다. 그러면서 변화된 학생들에게 버릇이 없어졌다고 하기도 하고, 이기적으로 변했다고도 한다. 지금만 그런 것이 아니다. 과거에 공자도 그랬고 소크라테스도 그랬다. 그래도 세상은 변화해왔다. 그리고 변화하는 학생들을 탓할 수도 없는 일이다. 그들이 살아가는 환경이 달라졌기 때문에 변할 수밖에 없다. 같은 물이라도 기온이 내려가면 얼음이 되고, 기온이 올라가면 수증기로 변하는 것과 마찬가지이다. 그들이 살아가는 환경의 영향을 받을 수밖에 없다.

교사는 그 변화를 빠르게 알아차리고 이해할 수 있어야 한다. 변화를 알아차리고 이해할 수 있어야 소통이 되고, 소통이 되어야 뜻이 전달될 수 있기 때문이다. 소통이 되지 않으면 가르쳐야 할 것마저도 제대로 전달이 안 된다. 가르친다는 것은 과거의 소중한 가치를 전달하는 것이다. 하지만 그렇다고 교육의 기능을 그것만으로 제한해버리면 교사의 설 자리가 갈수록 위축될 수밖에 없다. 공자도 "옛것을 익히고 새것을 알면 남의 스승이 될 수 있다. (溫故而知新, 可以爲師矣.)" 라고 했다. 옛것을 가르치는 것만으로 좋은 교사가 될 수 없다는 말이다. 지혜로운 교사라면 변화를 알아차리고, 미래를 향한 변화의 길을 통찰하여 능동적으로 대처할 수 있어야 한다. 그래야 미래를 살아갈 학생들에게 더 가치 있는 삶을 살 수 있는 지혜를 갖게 할 수 있을 것이다.

그렇다고 무조건 변화에 휩쓸려 동참해야 한다는 얘기는 아니다. 발전적 변화도 있을 수 있고, 퇴보적 변화도 있을 수 있기 때문이다. 그 변화가 미시적 관점의 변화이냐, 아니면 거시적 관점의 변화이냐에 따라서 판단이 달라질 수도 있다.

어떤 변화를 선택하느냐의 문제는 철학의 문제이다. 다만 분명히 인식해야 할 것은 다양한 가치관을 가진 교사들의 철학이 모두 진리일 수는 없다는 것이다. 교사마다 나름대로 서로 다른 가치관을 가지고 있을 것이며, 학생들이 그 교사들의 가치관을 획일적으로 받아들일 수도 없다.

그렇기에 교사는 자신의 인생관을 학생들에게 안내할 뿐, 강압적으로 실행을 요구할 수 없다는 것을 인식해야 한다. 담임으로 있는 학급에서 혹은 수업하고 있는 학급에서 임의적 기준을 만들어 교육할 수는 있겠지만, 그 기준만을 옳다고 일방적으로 강요하는 것은 다시 한번 생각해보아야 한다. 교육이라는 행위의 특수성을 고려하더라도 그것이 세뇌나 억압 행위라면 인간을 상대로 하는 바람직한 행위라고 볼 수 없기 때문이다.

지금까지 그래왔다 하더라도, 많은 사람이 그렇게 한다 하더라도, 학생들에게 이익이 된다 하더라도 반드시 그것이 진리일 수는 없다. 세상은 변한다. 과거에는 그게 진리였다 하더라도 그것이 그대로 현재, 그리고 미래의 진리가 될 수는 없다. 손쉬운 예를 들어보자. 두발 단속이나 가방 검사를 3~4년 전까지도 하는 학교를 보았다. 지금까지 그렇게 해왔으며, 많은 학교에서 그렇게 하고 있으며, 그게 학생들 성적 향상에 도움이 될 수도 있을 것이다. 그러나 그것은 가장 기본권인 인권을 무시한 것이다. 기본 인권을 부정한다면 아무리 다른 이유가 있다고 해도 바람직한 교육 행위로 인정받을 수 없다.

지금까지 진리라고 여겨져 왔던 행위가 과연 바람직한 것인지 늘 성찰해야 하며, 가치관 또한 과연 지킬만한 것인지 성찰해야 하는 이유이다.

그런 성찰이 없다면 미래 사회를 살아갈 학생들을 가르치는 교사로서 부족함이 있다는 것을 인정하지 않을 수 없다.

전 야구 감독의 언론 기사 중에 "과거에는 후배들을 조련하고 육성한다고 했는데, 이제는 소통한다고 한다."라는 인터뷰를 본 적이 있다. 상하 관계를 중시하는 운동계에서마저도 새로운 질서가 만들어지고 있다. 그러는데 교육인들이 변하지 않을 수 있겠는가? 학교에서도 어쩌면 가르친다는 말보다는 소통하고 안내한다는 말이 더 어울리는 시대가 곧 올지도 모른다. 이미 그렇게 이루어지고 있을지도 모른다. 교사도 모르는 사이에.

학생들은 내일 보면 오늘과 달라져 있을 것이다. 그리고 내년에 봐도 올해와 또 달라져 있을 것이다.

2) 나와 너

얼마 전에 길을 걷고 있는데 택시가 옆에서 멈추더니 기사가 인사를 하였다. 가르쳤던 제자다. 병원에 가면 의사 중에도 제자가 있고, 간호사 중에도 제자가 있다. 술집에 들르면 사장 중에도 제자가 있고, 종업원 중에도 제자가 있다. 얼마 전에는 소방서 앞을 지나고 있는데 소방차를 점검하고 있던 소방관이 제자라며 인사를 하였다. 제자 중에는 일용직 노동자도 있고, 건축업자도 있다. 노동 운동을 하는 제자도 있고, 시민운동을 하는 제자도 있다. 같은 아파트에 사는 제자도 있어서, 종종 아파트 자치회 문제에 대해 상담을 해오기도 한다.

그런데 가끔은 내가 가르쳤던 제자였는데, 모른 척하며 지나가는 경우도 있다. 내가 기억하지 못하는 제자들까지 하면 그런 경우가 꽤 많을 것이다. 특히 궂은일을 하는 제자일수록 모르는 척하는 경우가 많을 것이다.

그 제자들에게 나는 누구였을까? 어느 날에는 직업에 귀천이 없다고 했고, 어느 날에는 열심히 공부해서 성공하라고 했다. 학생들은 어느 말을 더 깊이 새겨들었을까? 여러 번 생각해봐도 열심히 공부해서 성공하라는 말을 더 많이 했던 것 같다. 아마 다른 교사들도 그랬을 것이다. '성공'이라는 것은 무엇일까? 아마 좋은 직업을 갖는 것일 게다. 사회적으로 선망하는 직업을 갖는 것일 게다. 그러나 성공이 그런 의미라면 좋은 직업을 갖지 못한 제자들은 성공하지 못한 제자가 되어버린다. 그래서 피하고 싶은 것이리라.

그래도 살아가는 처지 가리지 않고, 지나가는 나에게 인사하고, 가끔 연락해 소주 한 잔씩 대접하는 제자도 있으니 참으로 미안하고 고마운 일이다.

그런데 우리 교육은 왜 성공만 강조하고 있을까? 학생의 90%는 노동자가 되고, 자영업자가 되고, 누군가의 남편이 되고 아내가 될 건데 말이다. 왜 우리 교육은 학생들에게 자신의 삶과 분리된 교육을 하고 있을까? 언제까지 우리 교육은 소수 상류층 진입을 위해 선착순시키는 변질된 교육을 해야 할까? 아무래도 노동 교육, 소비자 교육, 인권 교육, 환경 교육 같은 교육이 이루어져야 마땅한 일인데 말이다.

세상에는 서로 연결되지 않은 것이 없다. 너의 삶과 나의 삶, 우리가 살아가는 사회와 그 속에서 움직이는 정치, 문화, 경제, 교육, 종교 이러한 것들이 서로 연결되어 영향을 주고받는다.

그러나 지배자들은 국민에게 분리적 사고를 하도록 요구한다. 현실과 동떨어진 관념적 교육을 요구한다. 모든 사물을 독자적인 개체로 보게 한다. 교사는 교실에서 학생들이나 열심히 가르치라는 것도 그런 맥락이다. 정치에 관심을 갖지 말고, 교사는 교실에서 학생들이나 가르치고, 작가는 골방에서 글이나 쓰고, 목사는 교회에서 기도나 하고, 노동자는 공장에서 일이나 하라는 것이다. 그 말인즉슨, 정치는 정치인 마음대로 알아서 하겠다는 것이다. 그런데 학교에서 무엇을 어떻게 가르칠 것인지를 정하는 데 결정적인 역할을 하는 것은 정치 아닌가? 작가가 쓰는 글도 사람들의 삶의 문제이고, 종교인이 기도하는 것도 신도들의 삶의 문제이다. 내가 어떤 교육을 받을 것인지, 어떤 생각을 가질 것인지, 어떤 삶을 살 것인지 이런 것들이 모두 관련이 없을 수 없으며 정치와도 무관할 수 없다.

그렇지만 독재자들은 국민에게 분리적 사고를 하도록 세뇌한다. 그것은 우리 교육에도 지대한 영향을 미쳐 국어 교사는 학생들의 삶과는 무관한 국어 지식만을 가르쳐야 하는 것처럼 여겨왔다. 사회 교사는 교과서적인 사회 지식만을, 수학 교사는 관념적인 숫자만을 가르쳐야 하는 것처럼 여겨왔다.

국어 시간에 노동자의 삶을 소재로 한 『동트는 새벽』을 읽으며 문학을 공부하면 안 되는 것일까? 역사 시간에 전직 대통령들이 왜 감옥살이를 해야 했는지를 토론하면서 현대사를 공부하면 안 되는 것일까? 수학 시간에 재벌과 노동자의 소득 변화 추이로 통계 공부를 하면 안 되는 것일까? 과학 시간에 환경 오염의 실태를 분석하면서 화학을 공부하면 안 되는 것일까? 즉, 국어를 위한 국어 교육이 아니라 삶을 위한 국어 교육이 되어야 하고, 수학을 위한 수학 교육이 아니라 삶을 위한 수학 교육이 되어야 하며, 과학을 위한 과학 교육이 아니라 삶을 위한 과학 교육이 되어야 한다는 것이다.

통치자들은 그게 매우 두려울 것이다. 모든 학문을 학생들이 자신의 삶과 연관하여 다루게 되는 것이 두려울 것이다. 그래서 지식과 삶을 분리하고, 지식을 과목별로 파편화해왔을 것이다.

모든 사물은 서로 밀접하게 연관된다는 것을 무시하고 파편화된 사고방식을 통해 자신도 인식하지 못하는 사이에 엄청난 범죄 행위에 가담하게 된 어느 과학자의 참회록을 들어보자.

> "저는 나가사키에 최초로 투하된 원자 폭탄을 직접 제조한 사람입니다. 지금 저는 깊은 죄책감을 느끼고 있으며 인류에 해를 가하는 범죄 행위에 가담했다는 것을 수치스럽게 생각하고 있습니다. 어떻게 해서 제가 원자 폭탄 제조라는 일을 맡게 되었는가를 말하자면, 그것은 과학을 위한 과학이라는 '잘못된 철학'을 믿고 있었기 때문입니다. 이 철학은 근대 과학의 독소입니다. 과학을 사회생활과 인간으로부터 분리해버림으로써 생겨난 잘못으로 인해 저는 전쟁 중 원자 폭탄 제조에 가담했던 것입니다. 우리 과학자들은 순수 과학에 헌신하지 않으면 안 되고, 나머지 일은 기술자나 정치가의 일이라고 생각하였습니다. …… 저는 현재 원자 병기와 세균 병기 제조에 종사하고 있는 미국과 일본의 과학자들에게 호소합니다. 당신들이 지금 무엇을 하고 있는지 잘 생각하라고."
>
> 존 힐튼, 「아시아 · 태평양 평화회의 연설문」, 1952년

모든 사물이 서로 연결되어 영향을 주고받는다는 것을 인정하지 않으면 올바른 판단을 할 수 없다. 당연히 미래를 향한 상상도 할 수 없다. 교육은 학생들에게 미래를 꿈꾸게 하는 것이다. 따라서, 현재의 세상을 정확히 이해

하고, 미래를 향한 올바른 판단을 할 수 있도록 모든 사물의 관련성을 통찰하는 안목을 길러주어야 한다. 그러기 위해서는 먼저 학문과 삶을 연결하는 일부터 시작해야 할 것이다. 관념적 지식만을 암기시키는 교육이 아니라, 교실의 배움이 자신의 삶과 연결될 수 있는 교육이 되도록 교사가 고민해야 할 것이다.

4

첫 시간부터 마지막 시간까지

1) 나의 3월 첫 수업

3월 개학 후 첫 시간이다.

"안녕하세요. 반갑습니다."

"……"

"시 한 수 들려줄게요."

다른 얘기 없이 시를 암송하여 들려준다. 한용운의 「나룻배와 행인」이다. '나'라는 시어가 나올 때는 내 가슴에 손을 얹고, '당신'이라는 시어가 나올 때는 학생들을 향해 손을 내밀면서, 매우 진지한 목소리로, 진지한 표정으로.

나는 나룻배
당신은 행인

당신은 흙발로 나를 짓밟았습니다.
나는 당신을 안고 물을 건너갑니다.
나는 당신을 안으면 깊으나 얕으나 급한 여울이나 건너갑니다.

만일 당신이 아니 오시면 나는 바람을 쐬고 눈비를 맞으며 밤에서
낮까지 당신을 기다리고 있습니다.

당신은 물만 건너면 나를 보지도 않고 가십니다 그려.
그러나 당신이 언제든지 오실 줄만은 알아요.
나는 당신을 기다리면서 날마다 날마다 낡아갑니다.

나는 나룻배
당신은 행인

학생들은 첫 시간부터 아무 설명도 없이 시부터 들려주는 선생님이 생뚱맞다는 표정으로 쳐다본다. 그래도 진지한 표정으로 시를 끝까지 암송하고 물어본다.

"이 시를 들으면서 어떤 느낌이 들었어요? 시의 내용에서 오는 느낌도 좋고, 선생님이 여러분께 왜 이 시를 들려주었지 그런 생각을 발표해도 좋아요."

그렇게 묻고 생각할 시간을 1분쯤 준 후에 차례로 묻는다. 대답은 대부분 비슷하다.

"좋은 시 같아요."

"좋은 시니까 들려주셨겠지요."

"문학을 가르친다는 것을 암시해주기 위해서요."

중학교 때 배운 실력을 발휘해서 은유법 등을 들먹이는 학생도 가끔은 있다. 서너 명을 더 시켜보아도 대답은 역시 건조하다. 다시 질문을 부연한다.

"여러분, 정답은 없습니다. 나는 여러분의 느낌을 물었습니다. 느낌은 사람마다 다르지요. 누구든 자유롭게 상상할 수 있습니다. 여러분, 이 시를 듣고 어떤 생각을 하든지 그것은 오로지 여러분의 권리입니다. 다시 묻겠습니다. 다른 시도 많은데 왜 이 시를 들려주었을까요? 내용을 들으면서 떠오르는 생각은 없었나요?"

그렇게 하고 나서 다시 답변을 들으면 다른 생각을 발표하는 학생이 몇 명 나타난다.

"실연당한 슬픔을 노래하고 있는 것 같아요."

"그렇게 느꼈군요."

"사랑했던 연인이 상처를 남기고 떠난 것 같아요."

"그렇군요. 또 다른 학생은?"

"사공과 나그네의 관계를 보여준 것 같아요."

그렇게 쭈욱 돌아가며 발표를 시켜보면 조금씩 자신의 생각을 발표하는 학생이 생기고, 그런 중에 이런 대답도 나온다.

"선생님과 학생의 관계를 보여주고 있는 것 같아요."

"아, 그런 생각도 할 수 있겠군요."

"나룻배는 선생님이고, 행인은 학생들 같아요. 선생님과 학생 간의 관계를 시를 통해 얘기하고 있는 것 같아요."

"예, 그럴 수도 있겠군요."

매년 학생들과 만난 첫 시간에는 이렇게 수업을 시작한다. 특히 1학년이면 더 좋다. 어느 정도 아이들의 얘기를 듣고 난 후에 설명을 이어간다.

"여러분은 초등학교, 중학교라는 강물을 건너서 고등학교라는 강물을 건너기 위해 ○○고등학교에 입학하였습니다. 우선 입학을 축하합니다. 오늘부터 여러분들은 건너편 나루터로 건너기 위해 배를 타고 노를 젓기 시작했습니다. 선생님은 기꺼이 여러분의 나룻배가 되어 여러분들이 강을 건널 수 있도록 도와줄 것입니다. 그러면 3년 후에 여러분들은 건너편 나루터에 도착하여 이 배에서 내릴 것입니다. 그런데 말입니다. 출발은 함께 하지만, 3년 후에 여러분들은 저마다 서로 다른 나루터에 도착해 있을 것입니다. 그리고 여러분들이 어떤 나루터에 도착할 것인지는 오직 여러분의 노력에 따라 결정될 것입니다. 어떤 학생은 물을 거슬러 올라가 저 위쪽 나루터에 도착할 것이고, 어떤 학생은 물결을 따라 내려가 저 아래쪽 나루터에 도착할 것입니다. 저마다 자기가 목표한 나루터를 건널 수 있으면 좋겠습니다. 여러분은 어디에 있는 나루터에 도착하고 싶습니까?"

그리고 칠판에 그림으로 강을 그려 도착점 여러 곳을 표시하고 학생들에게 도착하고 싶은 곳과 그 이유를 물어본다. 몇 분의 시간을 주고 생각하게 한 후, 그것을 국어책 안 표지에다가 써서 발표하게 한다. 그러면서 자신의 꿈을 발표 시켜 본다. 발표를 시키지 않더라도 "책 안 표지에 써서 자신의 꿈을 졸업식 날까지 놓지 않도록 노력해주리라 믿습니다."라고 마무리한다.

여유가 있다면 이렇게 덧붙여 수업을 진행해도 좋다.

"나룻배와 행인은 꼭 선생님과 학생의 관계에서만 이루어질까요? 여러분에게 나룻배 같은 사람 또 없어요?"

"부모님이요."

"그렇네요. 여러분의 아버님께서는 여러분의 학비를 마련하기 위해 이 순간에도 구두를 벗지 못하고 도로를 누비고 계실 것입니다. 여러분의 어머님께서는 여러분의 미래를 생각하며 옷 한 벌이라도 더 팔기 위해 손님들의 비위를 맞추고 있을지도 모릅니다. 여러분의 흙발로 나룻배를 짓밟듯이 부모님의 가슴을 애태우며 성장해 갈 것입니다."

다시 또 생각을 확장해본다.

"여러분, 여러분에게 나룻배는 또 없을까요? 여러분에게 도움을 주었던, 그래서 고마웠던 그런 사람 말입니다. 자, 생각해봅시다. 여러분에게 나룻배 같은 친구가 없는지."

"예, 제 친구요. 제가 병원에 입원해 있을 때 저에게 병문안을 와서 수업 노트를 빌려줬습니다."

이제 그런 얘기들이 제법 자연스럽게 나온다. 다음 단계로는 조금 더 나아가 자신의 내면을 들여다보게 한다.

"그런데 말입니다. 여러분들은 누군가를 흙발로 짓밟는 행인이기만 할까요? 여러분도 누군가에게 나룻배가 되었던 적은 없을까요?"

"……"

"생각해보세요. 여러분도 누군가에게는 나룻배가 되었던 적이 있을 것입니다. 몸이 아픈 친구의 가방을 들어다 준 경험 있는 사람 손 들어보세요."

그러면 서너 명이 손을 든다.

"예, 여러분은 친구에게 아주 훌륭한 나룻배입니다. 또 친구가 버스비가 없는 것 같아 자신의 용돈을 빌려준 경험이 있는 사람 손들어 보세요."

또 서너 명이 손을 든다.

"예, 여러분도 친구에게 아주 훌륭한 나룻배입니다. 또 방송을 보다가 어려운 처지에 놓인 사람의 얘기를 듣고 다이얼을 눌러 기부금을 보낸 경험이 있는 사람 손들어 보세요."

또 서너 명이 손을 든다.

"예, 여러분도 누군가에게 아주 훌륭한 나룻배입니다. 아직 손을 들지 않은 사람도 생각해보면 누군가에게 기쁨을 주었던 경험들이 있을 것입니다. 그런 학생들이 여기 모여 있으리라 믿습니다. 혹 그런 기억이 떠오르지 않은 사람은 앞으로도 많은 기회가 있을 것입니다. 누군가에게 나룻배가 되어준다면 가깝게는 여러분 옆에 있는 사람들이 행복해지고, 넓게는 우리가 살아가는 이 사회가 더 행복해지지 않겠습니까?"

이렇게 첫 시간 수업을 한다. 학생들은 이 시간을 꽤나 인상 깊게 받아들이는 것 같았다. 그리고 내 별명은 '나룻배 선생님'이 되어있다.

그러면서 여유가 있으면 문학 감상에 대해서 언급할 수도 있다. 문학은 상상력을 길러가는 과정이다. 그런데 우리나라의 문학 교육은 정답을 고르기 위해 암기하는 문학 교육을 하고 있다. 그것은 온당치 않다. 세계에서 문학 감상을 객관식으로 평가하여 하나만 맞고 나머지는 틀렸다고 하는 국가는 우리나라밖에 없다. 일단 읽고 상상하는 것은 독자의 권리이다. 「나룻배와 행인」을 감상하고 무엇을 생각하든 독자의 권리이다.

평가에서 곤란한 점이 있지만, 그래도 잘못된 것은 잘못된 것이다. 평가 때문에 아이들에게 상상을 막는다면, 교육이 아이들의 정신세계를 확장해 주는 것이 아니라 오히려 폐쇄시키는 것이다. 상상하게 하자. 그나마 다행스러운 것은 수학 능력 고사 이후에는 그 문제점을 보완하기 위해 조건을 붙여 상상력을 부분적으로만 통제한다. 예를 들면 '만일 이 시가 일제강점기에 독립운동을 했던 독립투사의 삶이 반영되었다고 한다면 나룻배가 상징하는 의미는 무엇일 수 있겠는가?'라는 식이다. 선다형 문제로 평가를 한다고 가정하여 이나마 다행스럽다고 하는 것이지만 이마저도 반드시 폐지되어야 한다. 객관식 문제는 채점만 객관적일 뿐, 능력을 객관적으로 평가하는 것은 아니다. 오히려 흑백논리만 길러줄 뿐이다. 객관식 평가가 없어져야 문학 수업이 문학 수업답게 이루어지고, 교육이 교육답게 이루어질 것이다.

2) 여름 어느 무더운 날

중간고사가 끝나고 오뉴월 더위가 오면 아이들도 많이 힘들어한다. 시작종이 치고 교실에 들어가도 얼른 수업할 분위기가 만들어지지 않을 때가 많다. 책상에 그대로 엎드려 자는 학생도 있고, 그제야 화장실에 다녀오겠다는 학생도 있다. 그럴 때도 말을 걸어보자.

"힘들어?"

"예."

"나룻배가 어디쯤 어디로 가고 있을까? 잘 가고 있겠지?"

그러면 여러 가지 대답이 나온다.

"아래로 흘러내리고 있어요.", "침몰 직전이에요."

그러면 다시 말을 걸어보자.

"그래, 다른 사람들도 다 힘들어할 때입니다. 그러나 여러분들은 젊잖아요. 지쳐도 조금 쉬고 나면 금방 회복되는 나이지요. 여러분들이 아직 여기 이 장소에 있다는 것은 침몰하고 싶지 않다는 마음이 있기 때문이죠. 힘들어하는 여러분들을 위해서 오늘 또 시 한 수 들려줄까요?"

그러고는 도종환의 「흔들리며 피는 꽃」을 낭송해준다.

흔들리지 않고 피는 꽃이 어디 있으랴.
이 세상 그 어떤 아름다운 꽃들도
다 흔들리면서 피었나니.
흔들리면서 줄기를 곧게 세웠나니.
흔들리지 않고 가는 사랑이 어디 있으랴.

젖지 않고 피는 꽃이 어디 있으랴.
이 세상 그 어떤 빛나는 꽃들도
다 젖으며 젖으며 피었나니.
바람과 비에 젖으며 꽃잎 따뜻하게 피웠나니.
젖지 않고 가는 삶이 어디 있으랴.

이 시를 낭송하여주고 조용히 묻는다.

"여러분들도 많이 흔들리지요? 이렇게 할까, 저렇게 할까? 이 길로 갈까, 저 길로 갈까? 그렇게 말입니다."

"예!"

"그래서 청춘입니다. 많이 흔들린다는 것은 여러분들이 선택할 길이 여러

갈래라는 뜻과 같지요. 어떻게 흔들리는지, 어떤 선택이 어려운지, 공개해볼 사람 있어요?"

그렇게 얘기하면 처음에는 머뭇머뭇하지만 발표하는 학생들이 있다. 대부분 학생이 자신의 꿈과 부모가 권하는 길이 달라서 고민하는 경우, 그리고 자신이 선택하고 싶은 것과 현실 사이의 괴리 이런 것들에 대해 고민하고 있음을 밝힌다. 그러면 다른 친구들에게 "지금까지 친구를 옆에서 지켜본 바로 어떻게 선택하는 것이 현명할 것인지 조언해줄 사람 있는가요?" 그렇게 요청하면 또 진지하게 얘기해주는 학생들이 있다.

마지막으로 '흔들리지 않고 피는 꽃은 없다. 흔들리는 것을 두려워하지 말아라. 흔들리더라도 꺾이지만 않으면 다 살아가는 것'이라고 정리한다.

그런데 수업 중에 신경 쓰이는 일이 있다. 세상 모든 것이 귀찮다는 식으로 책상에 엎드려 고개도 들지 않은 학생이다. 학교에서 재미있는 것 하나라도 찾아보면 좋으련만 처음부터 귀를 닫아버리니 나로서는 어떻게 할 도리가 없어 절망감을 느낄 때가 많다. 이건 교사 혼자서 해결하기는 힘든 일이라 자위하면서도 마음은 즐겁지 않다. 그러다가도 간혹 수업 분위기가 살아나면 고개를 들고 친구들의 발표 내용에 관심을 가지고 듣다가 발표에 참여하는 학생도 있는데, 그때는 참 행복하다는 생각이 든다.

3) 한 학년을 마칠 즈음에

가을이 지나고 겨울로 접어들 무렵에는 마지막 시험인 기말고사를 남겨 놓고 있다. 기말고사 시험공부를 하면서도 수행평가를 마무리하기 위해 동분서주한다. 가끔은 초연한 듯 사회 과학 서적을 열독(熱讀)하는 학생도 보인다. 일부 학생들은 이미 지친 모습이 역력하다.

"여러분들은 1년의 세월을 잘 이겨내고 여기까지 왔습니다. 어느새 한 해의 마지막 골인 지점에 와 있네요. 마침 오늘 아침 출근길에 보니 학교 올라오는 길 시멘트 담벼락에 담쟁이덩굴이 우거진 모습을 보면서 이런 시가 생각났습니다. 한번 들어볼래요?"라며 도종환의 「담쟁이」를 낭송해준다.

저것은 벽
어쩔 수 없는 벽이라고 우리가 느낄 때
그때
담쟁이는 말없이 그 벽을 오른다.

물 한 방울 없고 씨앗 한 톨 살아남을 수 없는
저것은 절망의 벽이라고 말할 때
담쟁이는 서두르지 않고 앞으로 나아간다.

한 뼘이라도 꼭 여럿이 함께 손을 잡고 올라간다.
푸르게 절망을 다 덮을 때까지
바로 그 절망을 잡고 놓지 않는다.

저것은 넘을 수 없는 벽이라고 고개를 떨구고 있을 때
담쟁이 잎 하나는 담쟁이 잎 수천 개를 이끌고
결국 그 벽을 넘는다.

"몇 년 전에 우리 학교 시멘트 담벼락을 타고 오르는 담쟁이를 보면서 정말 그런 생각을 했어요. 저 담쟁이가 시멘트 절벽을 타고 오를 수 있을까? 조금 오르다가 말라 죽지 않을까? 그런데 조금씩 조금씩 타고 오르더라고요. 보통은 벽이 높으면 넘기가 어렵다고, 힘들다고 포기하지요. 그런데 담쟁이는 절벽 끝까지 타고 올랐어요. 자, 그 담쟁이를 격려하는 박수 한 번 보내줄래요?"

그러면 모두 박수를 친다.

"그런데, 여러분은 어떠세요? 이제 한 학년을 마무리해야 할 단계인데, 중간에 힘들다고 멈춰버리거나 머뭇거리지는 않았어요? 지금 그냥 포기하고 있지는 않으세요?"

"힘들어요." 소리가 여기저기서 나온다. "그래요. 그럼 포기할래요?"라고 물어본다. 그러면 아이들은 "아니오."라고 답한다.

그 말이 참으로 고맙다. 그러나 어찌 힘들지 않으랴. 줄 세우기에서 도태된 학생들에게 어떻게 희망을 줘야 할까? 열심히 하라고? 열심히 하면 또 다른 학생이 도태된다. 이게 자라는 아이들에게 할 짓인가? 빨리 일등부터 꼴찌까지 줄 세우는 석차 매기기가 없어져야 마땅하다. 그러나 그런 아픔을 숨기고서 얘기를 해야 한다.

"이제 여러분은 마라톤의 마지막 한 바퀴를 남겨놓고 있습니다. 마라톤 선수가 달리면서 최선을 다하지 않고 마라톤이 끝난 뒤에 '나도 열심히 하면 잘할 수 있었다'라고 말하는 것은 자기를 기만하는 말입니다. 달리면서 최선을 다하기 바랍니다. 후회 없도록 말입니다. 등수가 중요한 것이 아니라, 최선을 다했다는 것 그것이 아름다운 것입니다. 지금 최선을 다한 사람은 장차 어떤 일을 하더라도 최선을 다할 것입니다. 꼴찌를 하더라도 끝까지 달리겠다는 의지, 그 의지만 있으면 여러분들의 삶은 결코 절망의 삶은 되지 않을 것입니다."

학년을 마치고 종강하는 날에는 김남주의 「사랑 1」을 들려줘도 좋다.

사랑만이
겨울을 이기고
봄을 기다릴 줄 안다.

사랑만이
불모의 땅을 갈아엎고
제 뼈를 갈아 재로 뿌릴 줄 안다.

천 년을 두고 오는
봄의 언덕에
한 그루의 나무를 심을 줄 안다.

그리고 가실을 끝낸 들에서
사랑만이
인간의 사랑만이
사과 하나 둘로 쪼개
나눠 가질 줄 안다.

"누군가를 진심으로 사랑하는 사람은 희생할 줄 알고, 기다릴 줄 압니다. 자신을 진심으로 사랑하는 사람도 그렇습니다. 자신을 진심으로 사랑하는 사람은 함부로 행동하지 않습니다. 자신을 진심으로 사랑하는 사람은 자신의 명예를 지킬 줄 압니다. 우선 나 자신이 자신을 사랑하지 않으면서 다른 사람의 사랑을 기대하는 것은 욕심입니다."

"……"

"나는 자신을 진심으로 사랑했는지, 그리고 진심으로 사랑하고 있는지 진지하게 생각해보면서 한 해를 마무리할 수 있기를 바랍니다. 그리고 더 성숙해진 모습으로 새 학년을 맞이하기 바랍니다."

5

나의 삶, 나의 수업:
시행착오를 두려워하지 말라

시골 소년이 고등학교 시절 광주로 유학을 갔다. 처음 해보는 도시 생활이었다. 모든 게 낯설었다. 도시 아이들과 어울리기도 힘들었다. 듣기로 서울 사람은 눈뜨고 코 베어 간다고 하더니, 광주 아이들은 그 정도는 아니지만 그래도 시골 출신의 눈에는 영악스러웠다. 그래서 일기장에 "의심하라."라는 말을 써놓기도 했다.

그렇게 도시 생활에 적응해가던 어느 날 꽤나 신비로운 것을 발견했다. 자취하던 집의 쓰레기통에서다. 금박무늬로 선이 그어진, 그리고 비닐 커버가 입혀진 양장본의 고급스러운 그런 책이었다. 적어도 시골 출신의 눈에는 그렇게 보였다. 나는 여러 가지 생각할 겨를도 없이 그 책을 주워들었다. 때도 묻지 않은 깨끗한 책이었다. 처음 들어 본 작가, 처음 본 제목이었다. 루이제 린저의 『생의 한가운데』라는 소설이었다. 그때까지 김유정의 소설이나, 이효석의 소설 정도 그리고 무협지 몇 권 겨우 읽었던 나에게 호기심을 일으키게 하기에 충분했다. 게다가 외양까지 고급스러우니 말이다.

책을 처음 펼쳤을 때 조금 읽기가 힘들었다. 이해가 안 되는 부분도 많았고 사건 전개도 흥미롭지 않았다. 그러나 어느 순간 빠져들기 시작했다. 다 이해는 안 되었지만, 주인공 '니나'의 삶은 나에게 새로운 삶에 눈뜨게 하였다. 자신이 선택한 삶의 길, 구속되지 않는 자유로운 영혼, 새로운 길에 도전해가는 용기, 그러한 모습을 보여주는 '니나'에게 빠져들었다.

나는 집안의 종손이자, 7남매의 맏이다. 늘 집안의 어르신들은 나를 보면 '우리 집 기둥'이라는 말을 귀에 박히도록 주입했다. 부모님에게는 대를 이를 장남이어야 했고, 동생들에게는 오빠이고 형이어야 했다. 내 인생을 어떻게 살아야 하는지 생각하기보다는 집안의 종손으로, 부모의 큰아들로, 동생들의 오빠로 형으로 사는 것이 숙명인 줄로만 알고 살아왔다. 그러다가 『생의 한가운데』의 주인공인 니나를 보면서 나는 나의 삶을 살고 있는지, 삶이란 무엇인지, 그리고 이번 생을 어떻게 살 것인가를 고민하게 되었다. 뭔가 나를 억누르고 있는 껍데기 같은 것이 느껴지기 시작했다. 수업시간에 말로만 듣던 자아네, 주체성이네 하는 것을 내 삶과 관련하여 생각하는 계기가 된 것이다. 이때부터 내 삶의 가치관은 바뀌기 시작했다.

그리고 실존 철학이 있다는 것을 알았다. 뒤에 실존 철학에 관심을 가지고 심취했던 것도 『생의 한가운데』에서 받은 영향이 크다. 실존 철학을 공부하면서 사르트르가 남긴 "존재는 본질에 앞선다."라는 말도 머릿속에 박혔다. 그렇다. 인간의 존재는 어떤 무엇으로부터도 누구로부터도 수단으로 이용되어서는 안 되는 것이며, 존재하는 것만으로 그 자아는 존중받아야 한다.

이러한 철학은 나의 교직 생활 전반에 영향을 미쳤다고 볼 수 있다. 말단 공무원으로서의 교사, 권력의 노예로서의 교사, 영혼 없는 월급쟁이로서의 교사이기를 거부하고, 자아를 가진 인간으로서의 교사로 서기 위해 노력했다. 내가 가르치는 내 제자들도 자아를 가진 인간으로 성장해야 하고, 그러기 위해서는 내가 먼저 자아를 가진 인간으로 존재해야 하기 때문에 교사는 반드시 자아를 가진 존재여야 한다고 생각했다.

내가 주입식 교육에서 탈피하여 학생 중심의 토론 수업을 하고자 했던 배경도 그런 생각이 크게 작용하였을 것이다. 교육은 고기를 잡아주는 것이 아니라 고기 잡는 방법을 가르쳐주는 것이어야 한다는 말은 당시에 교과서적인 경구로 언급되어온 말이다. 길들이는 교육이 아니라, 스스로 깨우치고 문제를 해결해가는 능력을 길러주어야 한다는 뜻이다. 19세기 교실에서 20세기 교사가 21세기 학생을 가르치고 있다는 말처럼, 당시 교육에 대한 다소 비판적인 얘기도 수없이 언급되었다. 그렇다. 교과서에 실린 지식은 이미 과거의 지식이다. 과거의 지식을 암기하고 끝나는 교육은 미래를 위한 교육이라고 할 수 없다. 영혼이 담기지 않은 지식을 암기시키는 교육은, 생각하는 존재이며 생각을 키워야 할 인간에 대한 교육으로는 적절하지 않다. 기능주의 교육관에서야 학생들을 사회에 맞게 길들이는 것이 교육이라고 보겠지만, 그런 기능주의 교육관은 사회적 모순을 숨기고 현실을 유지하려는 기득권자들에게나 적합한 얘기이다. 그런 식으로 해서 사회가 변화 발전할 수 있겠는가? 인간이 만 년 전이나, 천 년 전이나 지금이나 살아가는 방식이 똑같은 동물들이라면 모르겠다. 그러나 인간은 사회를 변화·발전시켜가는 존재다. 획일적 주입식 교육은 적합한 교육이라고 할 수 없다.

물론 내가 하는 토론식 수업이 학생들의 사고력을 키워주는 수업으로 완벽한 것은 아니다. 수업에는 왕도가 없다고 한다. 그런 의미에서 주입식 교육도 필요할 수 있다. 그러나 획일적으로 주입식 교육만을 고집하는 것은 시대정신을 거스르는 것이다.

나는 모든 교사가 나름대로 자기 생각을 가지고, 여러 가지로 새로운 시도를 하고 도전을 해봤으면 좋겠다. 요즘 들어와서 젊은 교사들을 중심으로 수업에 변화를 주고자 하는 시도를 많이 하고 있어서 다행이다. 그러한 도전에 열렬한 박수를 보낸다.

그렇다고 아쉬움이 없는 것은 아니다. 많은 젊은 교사들이 학생들에게 무엇을 배우게 할 것인가에 대한 고민을 소홀히 하는 반면, 어떻게 가르칠 것인가에 대한 고민에 집중하는 것 같다. 즉 기교를 부리는 것으로 만족해하는 경우가 많다는 것이다. 물론 형식의 틀 속에서 내용은 자연스럽게 생성될 수 있다면 내 생각이 짧은 것일 수도 있다.

또한 젊은 교사들이 모방하는 것에는 능숙하지만 스스로 변화를 주거나 창조적으로 도전하는 것에는 소극적인 것 같다. 선부른 추측인지는 모르겠으나 형식적 완벽주의를 추구하느라 그러는가 싶기도 하다. 나는 젊은 교사들에게 21세기형 교사가 되려면 '과감하고 창조적인' 도전을 해보라 권하고 싶다. 창조적인 도전을 하며 시행착오도 겪을 수 있다. 그러나 너무 시행착오를 두려워하지 말기 바란다. 시행착오를 두려워하면 어떤 변화도 가져올 수 없다. 누구나 처음 시작하는 사람은 실수를 범할 수밖에 없다. 새로운 것은 늘 낯설고 서툴 수밖에 없다. 그것이 두려워 어떤 변화도 시도하지 않는 것이야말로 무능하고 구시대를 사는 짓이다. 시행착오를 겪으면서 교사는 깨달음을 얻을 것이고, 학생도 배우는 것이 있을 것이다.

5
교시

삶을 위한
교육

1

누구를 위한 교육일까?

1) '왜'라는 물음에 답할 수 있어야 한다

'나는 왜 교사가 되었는가?'

'나는 남을 가르칠 만한 자격이 있는가?'

'나의 가치관은 남을 가르칠 만한 정의로운 진리인가?'

'나는 학생들에게 가르치는 바를 실천하고 있는가?'

'교육은 정말로 학생들을 위해서 이루어지고 있는 것인가?'

학생들 앞에 서면서 늘 자신에게 던져보는 질문이다.

솔직히 말하건대, 내가 사범 대학에 진학한 이유는 특별히 교육에 대한 사명감이 있어서는 아니었다. 특별히 미래에 대한 꿈을 꾸었던 것도 아니었다. 대학 진학을 앞두고 몇 가지 진로 방향을 두고 고민하다 교사가 나에게 어울릴 것 같아 선택하였다. 그리고 아버지께서 일제강점기, 한국전쟁, 군사독재 시절 등을 거치면서 입은 상처 때문인지 특정 직업을 들추며 이런 일, 이런 일은 하지 않았으면 좋겠다고 하셨다. 내가 생각해봐도 그런 직업을 가진 사람들이 사회적으로 좋게 평가되지는 않았기에 동의하였다. 그렇게 해서 사범 대학을 선택하게 되었다. 철학에 관심이 많았는데, 국어 교육과가 그와 가장 유사할 것 같아 국어 교육과를 선택하였다.

대학에 가서도 학점 관리에 열중하기보다는 철학과 역사에 관심을 가지고 그 분야의 독서를 많이 하였다. 그렇게 철학과 역사 관련 도서를 많이 읽었던 것은 교사 생활에 많은 도움을 주었다. 국어 수업을 하면서도 단편적인 지식이나 전달하는 교사가 아니라, 그 의미와 가치를 얘기할 수 있어서 좋았다. 시나 소설을 수업하면서도 사건을 종합적으로 살피고, 역사적 맥락 속에서 해석할 수 있어 좋았다. 그래서 나는 혹 후배 교사들에게 조언할 기회가 있으면 제일 먼저 철학을 공부하라는 말을 한다. 철학이라고 해서 철학 지식만을 말하는 것이 아니다.

우리는 일상의 삶에서나 교실에서나 늘 "왜?"라고 물어야 하고, 그에 대한 답을 찾아야 한다. 머리를 짧게 잘라야 한다면 왜 짧게 잘라야 하는지 이유가 있어야 하고, 교복을 입어야 한다면 왜 입어야 하는지 그 이유가 있어야 한다. 수업시간에 잠을 자서는 안 된다면 왜 그런 것인지 이유가 있어야 한다. "그냥 시키는 대로 해라."는 아이들을 바보로 만들고, 노예 습성에 길들게 한다. 힘이 강한 자가 임의대로 규칙을 만들어놓고 그대로 따르라고 하는 것은 노예 사회에서나 있을 법한 일이다. 학교에서도 많은 것들이 그렇다. 교육의 특성상 불가피하게 요구해야 할 것들이 있기는 하지만, 그것들은 최소화되어야 하고 또 합의되어야 한다. 학생도 인간으로서 기본권을 보장받아야 한다. 막무가내로 학생이니까 교사가 정해놓은 규칙을 따라야 한다고 요구해서는 안 된다. 왜냐하면, 학교는 학생을 노예로 길들이는 곳이 아니라 민주 시민으로서의 인간을 교육하는 곳이기 때문이다. 지시와 명령에 따라 움직이는 노예로 길들어도 안 되고, 남이 시장에 가니까 따라가는 얼뜨기로 길러져서도 안 된다. 자신의 생각을 가질 수 있어야 하고, 상대적 가치 속에서도 옳고 그름을 판단할 수 있어야 한다. 상대방의 생각도 존중할 줄 알아야 하고, 다른 사람을 배려하고 다른 사람과 합의하는 것도 익혀야 한다. 그것들을 이론으로 배우는 것이 아니라, 실제 학교생활이 그렇게 되어야 하고 그 속에서 체득되어야 한다. 그러기 위해서 철학이 필요하다.

2) 누구를 위한 교육일까?

내가 논술을 지도하고, 논술을 강의할 수 있었던 것도 철학 서적을 많이 읽었던 것이 바탕이 되었다. 그런데 그보다 더 의미 있었던 것은 철학 서적을 읽었던 것이 나의 교직 생활을 더 깊이 있게 만들어줬다는 것이다. 나는 교직 생활 10여 년쯤 된 어느 날부터 교육이 누구를 위해서 이루어지고 있는가에 대한 의문을 갖기 시작했다. 보통은 '교육을 누구를 위해서 하는 것인가?'라고 물으면 학생들을 위해서라고 답한다. 과연 모든 교육이 학생들을 위해서 이루어지는 것일까? 그렇다면 일본은 일제강점기 때 우리 한국(당시 '조선')의 학생들을 위해서 학교를 세우고 교육을 하였던 것일까? 아니다. 그들은 우리 국민을 식민지국 신민으로 세뇌하는 것이 더 우선이었을 것이다. 그래서 그들은 학생들에게 경쟁을 시켜 일본에 순종하고 봉사하는 사람을 선발하고, 적당히 완장을 채워 자기들의 앞잡이로 만들어 우리 국민을 탄압하는 데 활용했다. 당시의 일본은 효과적 식민 통치를 위해서 교육을 하였지, 결코 우리 국민을 위해서 교육을 하였다고 할 수 없다.

그렇다면 교육은 누구를 위해서 행해지는 것일까? 그것은 교육권을 누가 가지고 있는가를 보면 안다. 정권이 바뀌면 교육 과정을 흔드는 이유도 그것이다. 그중 가장 노골적인 것이 교과서를 통제하고 자기들 입맛에 맞게 바꾸는 것이다. 과거 국정교과서 시절에는 의심의 여지 없이 지배자들의 입맛에 맞게 내용이 구성되었다. 그래서 교사들이 국정교과서 폐지 운동에 나서서 겨우 2003년에야 국정교과서 제도를 폐지하였다.[14]

---

14) 국정교과서 제도는 정치적 자유가 없는 나라나 지극히 빈곤 국가에서나 볼 수 있는 제도다. 우리나라도 광복 이후 검정제로 시작하였지만, 박정희 정권이 유신헌법을 만들어 장기 집권을 꾀하면서 1974년 국사를 비롯한 정책 교과를 국정으로 바꿨다. 당시 국정교과서는 유신체제를 미화하고 독재정치를 정당화한다는 평가를 받았다. 1822년 개정된 국사교과서도 12·12 쿠데타 등 헌정 유린 사건들을 미화한 전력이 있다.
이후 전교조를 비롯한 시민사회의 요구와 학계의 지적이 있었지만, 국정교과서 제도를 그대로 유지하다가, 2002년 나를 포함한 다수의 전국국어교사모임 회원들이 대안교과서인 『우리말 우리글』을 직접 제작하여 국정교과서 폐지를 압박하였다. 그 결과 2003년에 국정교과서 제도를 폐지하고, 검정교과서 제도를 이끌어 낼 수 있었다.

검정교과서 제도가 도입된 이후에도 정권은 교과서가 자기들 입맛에 맞지 않으면 검정 과정에서 탈락시켰다. 심지어 2008년에 취임한 이명박 정권에서는 일부 사회교과서가 자신들의 입맛에 맞지 않는다고 그 교과서를 폐간시키고 출판사에 벌금을 물리기도 했다. 또한, 보수 세력은 국사 시간을 늘리고, 국사를 국정교과서로 환원시키려는 시도도 하였다. 그들은 왜 그렇게 교육 과정과 교과 내용을 자기들 입맛에 맞게 통제하려 했을까? 바로 교육을 자신들의 세력 유지 혹은 세력 강화의 수단으로 이용하기 위해서였다. 그만큼 교육이 국민의식 형성에 미치는 영향이 크기 때문이다.

그래서 다시 물을 수밖에 없다. 교육은 누구를 위해서 행해지는 것일까? 교육권을 가지고 있는 세력을 위해서다. 그들은 국가라는 추상적 허상을 등에 업고 자신들의 특권을 국가의 이익으로 위장하여 교육 과정 속에 숨겨놓는다.

어떤 이는 학생들이 교육을 통해서 출세도 하고 계급 상승도 하니 학생을 위해서 있는 것 아니겠냐고 말한다. 일부는 맞다. 그러나 그 출세한 학생, 계급 상승한 학생이 누구를 위해서 일하느냐를 보라. 그들이 자신의 출세를 위해 지배 계급에 봉사한다면 결국 교육은 지배 계급이 자신들의 말을 잘 듣는 심부름꾼을 선발하는 과정으로 작동하는 것이다. 식민지 시대의 교육을 보면 바로 설명이 된다.

그런데 안타깝게도 우리나라의 경우 광복 이후에도 친일세력이 정권은 물론 교육권까지도 장악하여 식민지 시대 교육을 연장시켰다. 그리고 지금도 그 구도에서 완전히 벗어났다고 할 수 없다. 중앙 정부가 결정하는 교육과정, 획일적 주입식 교육, 한 줄로 줄 세우는 교육, 다양한 사고를 막는 선다형 평가 등이 계속되어 온 것을 보면 충분히 짐작되는 일이다.

정치적으로는 상당한 수준의 민주화가 되었다고 평가받는 지금의 교육은 어떠한가?[15)]

아쉽게도 정치의 민주화만큼 교육은 나아가지 못했다. 아직도 교육과정은 중앙 정부에서 결정하고, 획일적 주입식 교육이 이루어지고, 줄 세우기가 이루어지고, 선다형 평가, 교장을 통한 통제가 이루어지고 있다. 학교에서 교사들의 발언권이 다소 강화되고, 학생들이 자유로워진 부분은 있지만, 이마저도 아직 균형이 잡혔다고 할 수는 없다.

문민정부, 국민의 정부, 참여정부에서 교육 개혁을 하려는 시도는 하였으나, 그 본질을 바꾸지는 못했다. 오히려 학생을 교육 소비자 혹은 상품으로 빗대어 학교를 시장화하려는 의도를 가지고 교육의 본질을 흐리게 하였다는 비판을 받기도 하였다. 교육부 대신 교육인적자원부로 바꾼 명칭에서도 시장주의 냄새가 풍긴다. 이명박 정권에서는 교육인적자원부를 교육과학기술부로 바꾸고 긴 시간 동안 경제전문가가 수장을 맡기도 하였다. 교육 권력을 시장주의자들이 잡은 탓일 게다.[16)]

그렇게 초·중등학교를 시장화하여 단순하게 기능 인력 생산하는 곳쯤으로 만드는 것은 상식에도 어긋날 뿐만 아니라 〈교육기본법〉에 제시된 교육 이념에도 어긋난다. 초·중등교육은 〈교육기본법〉에 제시된 것처럼 '홍익인간의 이념 아래 인격을 도야하고 자주적 생활 능력과 민주 시민으로서 필요한 자질을 갖추게 하여 인간다운 삶을 영위'하게 하는 것이 맞다.

---

15) 정치적으로도 민주화되었다고 보기 힘들다는 견해가 있다. 민주화되었다기보다는 독재에서 벗어나 자유주의로 이행하였으며, 거기에다 시장주의가 결합된 신자유주의 시대로 보는 것이 타당하다는 것이다. 강조되고 있는 자유민주주의라는 말에도 자유와 민주를 억지로 결합하여 시장주의를 민주주의로 위장해주고 있다.

16) 신자유주의 성격의 시장주의는 능력주의를 전제한다. 그리고 능력주의는 차별을 전제하면서도 공정하다는 착각을 하게 한다. 하지만 시장주의자들은 그것이 자유민주주의라고 강변한다. 그들은 과정의 공정성을 강조한다. 과정의 공정성만으로는 정의성을 실천할 수 없음에도 정의롭다고 착각하게 한다. 『정의란 무엇인가?』를 쓴 마이클 샌델은 "능력주의는 승자에게는 오만을, 패자에게는 절망을 주는 방식으로 쌍방향 폭정을 저지르며 공동체를 황폐하게 만든다."라고 지적하였다. 그러한 능력주의가 계급 재생산으로까지 이어진다면 이는 새로운 신분 사회를 만들어가는 것과 같다.

초·중등교육의 변화를 막고 있는 것은 일류대 진학을 통해 계급 상승을 할 수 있다는 국민의 의식도 영향을 끼친다. 국민은 교육을 계급 상승의 수단, 상류층에 끼어들기 위한 수단으로 여기는 경우가 많다. 그런 현실은 교육의 방향성이나 정의성을 외면하고 오직 일류대 진학을 위한 과정에만 초점을 맞춘다. 그런데 이제는 계급이 어느 정도 고착되어 교육을 통해 상류층에 끼어드는 일은 거의 불가능해졌다.

그렇다면 다시 교육의 본질부터 성찰할 때가 되었다. 교육은 누구를 위한 것인가? 이미 정해져 있는 소수 상류층을 위해 다수 학생은 바닥 깔아주는 역할이나 하는 그런 교육을 이대로 두어야 하는가? 줄 세우기를 통해 다수 학생을 싸구려 상품화해버리는 그런 교육을 이대로 두고 보아야 하는가?

이제는 바뀌어야 한다. 교육 과정에 대한 중앙 정부의 결정권을 최소화하는 대신 학교 현장의 결정권을 대폭 확대해야 한다. 교과서 자유 발행제를 실시해야 한다. 획일적 주입식 교육에서 벗어나 학생들이 상상력과 창의력을 기를 수 있는 교육 환경이 제공되어야 한다. 학생들을 한 가지 기준으로 줄 세우는 일이 중단되어야 한다. 선다형 평가 대신 주관식 서술형 평가나 수행 평가 등 다양한 평가 방식이 도입되어야 한다. 교장은 통제자가 아니라 조력자가 되어야 한다. 학생 대표가 학교 운영 위원회에 참여할 수 있어야 한다. 학생자치회도 법제화되어야 한다. 그렇게 하기 위해서는 대학 서열화를 사라지게 하는 제도 개선도 시급하고, 초·중등교육을 블랙홀처럼 빨아들이는 수학능력시험도 자격 고사로 전환해야 한다. 그렇게 해서 학생들이 학교에서 행복감을 느낄 수 있어야 한다.

그래도 다행인 것은 학교에서 토론식 교육, 수행 평가, 주관식 서술형 평가 등이 시도되면서 조금씩은 교실의 변화를 시도해볼 수 있다는 것이다. 수학능력시험 때문에 한계는 있지만.

3) 깨달음의 교육을 위하여

광복 1세기가 다가오고 있다. 늦었지만 이제라도 제대로 된 변화가 이루어져야 한다. 국민을 권력의 노예로 만드는 교육이 아니라, 주체적 민주 시민으로 성숙시키는 교육이 이루어져야 한다. 그렇게 변화 발전해야 한다.

그러한 변화가 성공하기 위해서는 교육에 대한 인식부터 바뀌어야 한다. 『장자』에 이런 이야기가 있다.

옛날, 제(齊)나라의 환공(桓公)이 대청 위에서 독서를 하는데, 마당에서 수레바퀴를 깎고 있던 윤편(輪扁, 수레를 만드는 목수)이 일손을 쉬고 제환공에게 물었다.

"감히 묻겠습니다. 공께서 읽고 있는 그 책에는 대관절 어떤 말이 씌어 있습니까?"

"성인의 말씀이시니라."

"그분은 지금도 살아 계시오니까?"

"아니다, 이미 돌아가셨느니라."

"그렇습니까. 그렇다면 왕께서 읽으시는 것은 옛날 사람의 찌꺼기와 같은 것입니다."

"찌꺼기라고? 과인이 책을 읽는데 수레바퀴나 깎는 네놈이 무슨 망발이냐. 변명을 할 수 있다면 용서하겠지만 그렇지 못하면 마땅히 죽음을 면치 못할 것이니라."

"제가 오랜 세월 일의 경험에서 깨달은 바를 말씀드리겠습니다. 수레바퀴의 굴대받이를 깎을 때 느리면 헐렁해서 꼭 맞지 않고, 빨리 깎으면 빡빡해서 들어가지 않습니다. 수레바퀴보다 크지도 작지도 않게 빈틈없이 맞추는 것은 손에 익숙하여 마음에 응하는 것이라, 입으로는 표현할 수가 없습니다. 느리지도 않고 빠르지도 않은 그 사이는 말로 표현할 수 없는 요령이 있는 것입니다. 저는 그 요령을 제 자식에게 어떻게 해서라도 터득시키려고 했습니다만 가르칠 수가 없고, 제 자식도 그것을 저에게서 배워갈 수가 없사옵니다. 그러한 까닭에 나이 칠십이 되어서도 굴레받이만은 아직도 제가 깎고 있사옵니다.

옛날의 성인들께서도 깨달은 바를 말로 전하지 못하고 돌아가시지 않았을까요. 그러니 왕께서 읽으시는 것도 옛사람의 찌꺼기와 같은 것이라 할 수 있습니다."

목수의 말 중에서 핵심은 다음 문장이다.

"임금님께서 읽고 계신 것은 옛 성현의 찌꺼기일 뿐입니다. (君之所讀者, 古人之糟魄已)"

참다운 진리는 옛사람의 말을 암기하는 것으로 깨닫는 것이 아니라, 스스로 경험하며 깨달아야 한다는 것이다. 공자도 그리하였다.

"배우기만 하고 깊이 생각하지 않으면 사물의 이치를 밝게 깨닫지 못하고, 생각할 뿐 배우지 않으면 독단에 빠지기 쉽다. (學而不思則罔, 思而不學則殆)" 『論語』

존 스튜어트 밀도 진리는 스스로 깨달아야 한다고 강조하였다.

"지나치게 지식 습득에만 치중하면 스스로 생각하고 판단하는 능력이 상실된다."

동서고금을 막론하고 강조된 말이다. 중요한 깨달음은 과거의 화석화된 지식을 암기시켜서 일어나는 것이 아니라, 스스로 경험하고 사색하며 깨닫는 것이다.

이제 교육에 대한 인식이 바뀌어야 한다. 과거의 지식을 암기시키는 것만으로는 결코 학생들을 위한 교육이 될 수 없으며, 미래를 위한 교육이 될 수 없다. 교육에 대한 인식이 바뀌어야 하고, 교육 방법이 바뀌어야 한다.

어떻게 바꿔야 하느냐고 물을지 모르겠다. 그것 또한 과거의 찌꺼기이다. 우리는 그렇게 길들어 살아왔으니까. 누군가 가르쳐준 대로, 누군가 지시하는 대로 하는 순간 과거의 찌꺼기를 먹이는 교육이 된다. 과거는 그냥 참고 자료일 뿐이다.

정부는 최소한의 필수적 교육 과정만 제시하고, 교사는 전문성을 살려 다양한 방법으로 자신의 능력을 발휘하여야 한다. 모두 교사 자격증을 가진 전문가이니까. 지도안 써서 검열받고 교과서에 나온 것만 가르치라는 노예적 교육을 벗어던지자. 교과서 활용 지침에도 명시되었다. 교과서는 자료집일 뿐이라고. 그렇다. 교과서는 숭배하고 암기해야 할 대상이 아니라, 딛고 넘어가야 할 자료집일 뿐이다. 교과서를 해체하라. 교과서는 여러 자료집 중 하나일 뿐이다.

전문가로서 자격을 갖추었다면 과감히 시도하라. 시행착오를 두려워하지 말자. 시행착오 없이 창조는 불가능하다. 무언가를 해보려고 하는 시도, 그 자체가 아름다운 것이다. 무언가에 도전해보려고 하는 시도, 그 자체가 인간다움이다. 살아있음의 증거이다. 그게 학생들의 도전정신과 창의성을 키워줄 것이다.

2

학생들의 불행은 당연한가?

수업 시간에 학생들이 자고 있다. 토론 수업을 할 때는 자는 학생이 거의 없지만, 강의만 시작하면 어떤 반에서는 두세 명, 어떤 반에서는 열 명 남짓의 학생이 잘 때도 있다. 처음에는 깨웠다. 그런데 대부분은 고마워하기는커녕 짜증 섞인 표정이다. 그들을 깨워서 억지로라도 내 강의를 듣게 해야 할까, 아니면 그냥 자도록 놔두는 것이 타당할까?

깨워서 억지로 강의를 듣게 하면 정말 듣기는 할까? 그런 생각이 들면 깨우는 일조차도 부질없이 느껴진다. 그렇게 해도 시험을 보면 10점 맞은 학생도 나오고, 20점 맞은 학생도 나온다. 학습에 전혀 관심이 없다는 뜻이다. 그들을 억지로 깨워서 앉혀놓은 것이 오히려 그들을 고문하는 것일 수도 있다. 학교를 지옥처럼 생각하는 학생들이 많다는 것도 이미 알려진 사실이다. 그들의 젊음은 참으로 참혹하다. 즐거움이 없는 젊음.

한국의 자살률은 세계 1위이다. OECD 국가 평균 3배가 넘는다. 최근에 다소 줄었다고는 하지만 그래도 10만 명당 30명 가까이에 이르는 수치다. 자살률은 그 나라 국민의 삶의 질을 보여주는 척도 중의 하나이다. 그렇게 보면 우리 국민의 삶이 행복하지 않다는 뜻이다. 실제로 행복 지수도 OECD 국가 중에서 가장 낮은 수준이다. 우리나라는 초고속 경제 성장을 하였지만, 사회의 양극화는 오히려 심해졌다. 전문가들은 자살률도 사회의 양극화와 많은 관련이 있는 것으로 보고 있다. 특히 노인 자살은 그렇다. 대부분 생계형 자살이다.

그런데 노인 자살률 못지않게 청소년 자살률도 높다. 세계 1위이다. 어느 신경의학과 의사의 말을 빌리면 '청소년들의 자살은 가정이나 사회에 도움을 요청하기 위한 절절한 몸부림'이라고 한다. 그만큼 우리나라 청소년들의 삶이 행복하지가 않다는 것이며, 그들의 자살은 도움을 요청하기 위한 절절한 몸부림이라는 것이다. 청소년 자살의 원인은 1위가 우울증이고 2위가 학업 스트레스이다. 그러나 이 두 가지 이유는 서로 인과적으로 연결되어 있을 가능성이 크다. 사회에는 차별이, 학교에서는 그 차별을 고착하는 줄 세우기가 강요되기 때문이다. 그 강박감이 학교 폭력, 왕따 등으로 표출되기도 한다.

청소년기는 신체적, 인지적, 정서적 변화를 겪으면서 자기 선택을 해야 하는 시기이다. 당연히 혼란스럽고, 예민해질 수밖에 없다. 그러한 시기에 한국의 학교와 사회는 청소년들에게 너무나 잔인하게 다가온다. 부모와 교사는 '열심히 하라'고 요구하지만, 열심히 한다고 꼴찌가 없어지는 것도 아니고, 차별이 없어지는 것도 아니다. 아이들은 안다. 자기가 줄 세우기의 어느 지점에 있는지를.

우리 사회의 양극화는 갈수록 심해지고, 양극화가 심해질수록 경쟁도 함께 심해진다. 사회 구조는 급격히 변해간다. 그런데 그 변화가 아름답지가 않다. 신자유주의의 파고 속에서 차별이 심화되는 쪽으로 변해가기 때문이다. 80:20의 사회도 잔인한데, 90:10의 사회, 심지어는 99:1의 사회로 변해간다고 한다. 그런데 20%, 10%, 1%의 사회로 들어갈 사람은 이미 결정되어 있다. 그런데 열심히 하라고? 정말 열심히 하면 누구나 행복할 수 있냐고 물으면 대답은 정해져 있다. '가능성이 커진다'고 말이다. 그 가능성? 가능성이 몇 %나 될까? 교사의 입장에서는 아주 어리석은 질문이다. 혹 어떤 학생이 열심히 해서 10%나 1% 안에 들었다고 하자. 그럼 누군가는 또 눈물을 흘려야 할 것이다. 누군가에게는 열심히 하라는 말이 상처가 될 수밖에 없다.

자, 다시 대답해보라. 지금 내가 공부하고 있는 교실에서 열심히 하면 성공할 확률이 몇 %일까? 높게 잡아 10%라고 하자. 그 10%의 확률을 위해서 모든 청소년이 볼모로 잡혀야 할까? 그런데 그렇게 되고 있다. 학교는 매사가 입시를 기준으로 돌아가고 있다. 학교가 입시 준비 기관의 굴레에서 벗어날 기미는 보이지 않는다. 평가 제도며, 수업 운영이며, 시상 제도 등 학사 운영이 모두 입시에 맞추어져 있다. 그런 후, 결과는 어떤가? 지난해 4년제 대학 출신 중에 공기업이나 대기업에 취업한 사람은 2만여 명이다. 50만 명 중에 2만여 명! 겨우 5% 남짓이다. 그나마도 일부 일자리는 부모 찬스를 가진 사람이 차지해버린다.

그럼 대학 진학을 통해 성공할 확률이 거의 없는 90% 학생들은 그저 들러리가 되어야 하는가? 오죽하면 그들의 입에서 학교는 '지옥'이라는 말이 나올까? 그들의 입에서 자신들은 상위층을 위해서 바닥 깔아주고 있다는 말도 나온다. 너무 비참한 현실이다. 그렇다고 상위 10%는 스트레스가 없을까? 그렇지 않다. 오히려 상위권 학생들의 스트레스가 더하다는 조사 결과도 많다. 아마 부모나 주변의 요구가 훨씬 높기 때문일 것이다.

성적이 우수한 학생이든 그렇지 않은 학생이든 모두에게 학교는 스트레스를 주는 곳이 되어버렸다. 그렇지만 학교는 학생들에게 참고 견디라고 얘기한다. 그런데 참고 견디어도 대다수에게는 희망이 없다는 것을 그들이 먼저 안다. 그들은 "지금 사회의 비정규직이나, 최저임금을 받는 노동자들이 참고 견디지 않아서 비정규직이 되고, 최저임금을 받는 노동자가 되었나요?"라고 되묻는다.

이쯤 되면 "그래서 어쩌라고?"라는 질문이 나올 수밖에 없을 것이다. 그렇다. 지금과 같은 입시의 사다리 구조를 학교가 그대로 수용한다면 답이 없다. 어떠하든 분명한 것은 학교가 학생들에게 희망이 없는 희망 고문을 시키고 있다는 것이다. 그 희망 고문을 차단할 어떤 고민과 대응도 없이 학생들에게 계속 참고 견디라는 얘기만 반복하고 있다면 학교의 신뢰성은 더 떨어질 수밖에 없다.

그렇다면 결국 우리는 모든 아이가 행복한 그런 학교를 만들 수 없는 걸까? 길은 있다. 그렇게 되려면 우선은 사회적 차별이 최소화되어야 한다. 그게 가장 중요한 핵심이다. 그래야 학생들이 자신의 미래에 대한 희망을 가질 것이다. 그리고 입시 제도가 바뀌어야 한다. 수능으로 인간 등급을 매기는 잔인하고 비인간적 행위는 당장 멈춰야 한다. 다음에는 학교가 입시 기관이 아니라 학교 교육의 본질에 맞는 교육이 이루어져야 한다. 학교 교육의 본질은 〈교육기본법〉 제2조에 잘 나와 있다.

"교육은 홍익인간(弘益人間)의 이념 아래 모든 국민으로 하여금 인격을 도야(陶冶)하고 자주적 생활능력과 민주시민으로서 필요한 자질을 갖추게 함으로써 인간다운 삶을 영위하게 하고 민주국가의 발전과 인류공영(人類共榮)의 이상을 실현하는 데에 이바지하게 함을 목적으로 한다."

학교가 교육의 본질에 맞는 교육을 할 수 있어야 맞다. 학생들이 인격체로서 존중받는 학교, 저마다의 개성과 적성을 찾아 살리며 깨달음을 얻는 학교가 되게 해야 한다.

그런데 이 일을 누가 할 것이며 어떻게 할 것인가? 실제 그렇게 법을 고치고, 제도를 바꿀 힘을 가진 사람들은 상류층이다. 그런데 그들은 기득권자들이라서 자신들의 계급을 이대로 유지하고 싶기 때문에 스스로 제도를 바꾸려 하지 않는다.

그렇다면 누가 바꿔야 하는가? 목마른 자가 샘을 파는 법이다. 교사와 학생들이 할 수밖에 없다. 학생들이 수업시간에 잠을 자는 것은 현재의 교육을 바꿔주라는 몸부림으로 이해하면 어떨까? 교사가 학생들에게 해줄 수 있는 일이 무엇인지 고민해보아야 한다. 희망도 없는 희망 고문을 계속하며 교육이 무너지는 것을 보고 있을 것인지, 아니면 법과 제도 개선을 통해 모두가 행복한 학교를 만들 것인지.

이건 당장 교사들이 고민해야 할 일이다. 내가 하는 현재 이 수업이 학생들에게 희망을 줄 수도 있지만, 희망 고문이 될 수도 있기 때문이다. 답은 교사 스스로 찾을 수밖에 없다.

교사들이 전문성을 상실하고, 학생들을 열심히 줄 세워서 서열이나 만들어주는 일에 종사할 것인지, 아니면 교육의 본질에 충실하게 '인격을 도야(陶冶)하고 자주적 생활 능력과 민주 시민으로서 필요한 자질을 갖추게 함으로써 인간다운 삶을 영위하게 하는 교육'을 할 것인지!

어떤 이는 그러면 대학에서 학생 선발을 어떻게 하느냐며 걱정하는 이도 있다. 그건 기우이다. 고등학교가 교육의 본질에 맞게 교육해놓으면 대학에서 자기들 기준을 만들어 선발해가면 된다. 왜 고등학교가 대학에서 해야 할 일을 떠맡아 줄 세워주는 일이나 하면서 학교 교육을 망치고 있어야 하는가?

다시 묻는다. 정말로 학생들은 행복하면 안 될까? 어떤 학회지에서 읽은 글이다.

"우리나라 교육 시스템은 너나 할 것 없이 붕어빵처럼 똑같이 짜인 일상과 예측 가능한 일들 속에서, 학교에서 가르쳐준 대로만 하면 점수를 딸 수 있게 되어있다. 이런 것들을 하기에도 이 땅의 청소년들은 너무 바쁘다. 하물며 자신을 이해하고 자신의 문제를 스스로 해결해보려 노력하기에는 남아 있는 에너지도 부족하고, 시간도 너무 모자라다."

3

전교조 운동

나는 1970년대에 고등학교를 다녔다. 국어 시간에 서정주, 이광수, 모윤숙, 노천명, 김동인, 주요한 등의 문학 작품을 배우고 읽었다. 국정교과서만 있던 시절이다. 수업시간에 그들이 친일 문학을 했다는 소리는 들어본 것 같지가 않다. 들었어도 기억하지 못할 수도 있다. 나도 무지했으니까. 그들의 작품이 실린 교과서는 객관적 지식을 담은 절대적 지침서로 간주되었다. 나도 그렇게 생각하였다.

1970년대에 대학도 다녔다. 조연현이 저술한 문학사를 배웠다. 거기에도 친일 문학에 대한 언급은 없었다. 대학에서 문학사를 강의하던 교수도 친일 문학에 대해서는 별 언급이 없었다. 아직 친일 문학에 대해서 공론화가 되지 않았던 시절이라 그러했을 것이다. 나는 교재 외에 구해보았던 책들을 통해 친일했던 문학인들에 대해 주마간산 격으로 얻어듣게 되었다.

그리고 교사가 되었다. 국어교과서에는 내가 어렴풋이 알고 있던 친일 작가의 작품들이 실려 있었다. 내가 즐겨 읽었던 시인들의 작품은 찾아보기가 힘들었다. 나는 교과서에 실린 작품만으로 시와 소설을 가르치는 것이 못마땅하였다.

논리적으로도 모순되었다. 조금이라도 현실 비판적 성향을 가지면 현실 참여 문학으로 분류하여 무조건 배제해버리면서도, 현실 찬양적인 서정주를 비롯한 여러 친일 작가들은 버젓이 교과서에 실려 숭배되고 있는 것이 공정하지 못하다고 여겼기 때문이다. 문단의 주도권을 쥔 친일 작가들이 자신들의 현실 찬양 문학에 대해서는 언급하지 않고, 비판적 작가들의 현실 비판 문학은 참여 문학이란 이름으로 배제하고 비난하는 것이 공정하지 못했다. 그렇게 학생들도 편향적 시 교육을 받을 수밖에 없었다. 그래서 나는 가끔 내가 읽던 시집에서 마음에 드는 시를 한 수씩 수업시간에 칠판에 써놓고 읽었다. 그중 하나인 이성부의 「벼」라는 시이다.

벼는 서로 어우러져
기대고 산다.
햇살 따가워질수록
깊이 익어 스스로를 아끼고
이웃들에게 저를 맡긴다.

서로가 서로의 몸을 묶어
더 튼튼해진 백성들을 보아라.
죄도 없이 죄지어서 더욱 불타는
마음들을 보아라. 벼가 춤출 때,
벼는 소리없이 떠나간다.

벼는 가을하늘에도
서러운 눈 씻어 맑게 다스릴 줄 알고
바람 한 점에도
제 몸의 노여움을 덮는다.
저의 가슴도 더운 줄을 안다.
(후략)

그 외에도 김지하의 「타는 목마름으로」, 신경림의 「목계장터」, 김준태의 「참깨를 털면서」, 박노해의 「노동의 새벽」 등을 읽어주기도 하였다. 얼마 전에 그때의 제자를 만났는데, 그 제자는 그 시를 노트에 적어놓고 지금도 읽어본다고 하였다. 그럴 때 가슴이 뛴다. 그러다 가끔은 친일파 문제를 얘기하기도 했고, 이승만과 박정희의 독재 정권에 대한 얘기를 조금씩 얘기하기도 했고, 전두환의 권력 찬탈을 얘기하기도 했다. 솔직히 말하면 그때 가슴이 많이 떨렸다. 그런 얘기를 하던 중에 교장이나 교감이 복도로 지나가기라도 하면 목소리를 낮추고, 당황하여 얼굴이 붉어지기도 했다.

뒷날 그 시절을 회상해보면 나는 참 운이 좋았다는 생각이 든다. 그 시절 그런 얘기를 하다가 교단에서 쫓겨나고, 정보기관에 끌려가 고문당하고, 간첩으로 몰리기도 하여 고초를 겪은 교사들이 여럿이다. 대표적인 사례가 '오송회 사건'이다. 오송회 사건은 1982년 군산제일고등학교 교사 다섯이서 오장환의 『병든 서울』이라는 시집을 복사해서 읽어보았다는 이유로 해당 교사들을 체포하여 고문하고, 범죄자로 만든 사건이다. 독재 정권의 하수인들은 물고문과 전기고문을 통해 그들이 '오송회'라는 이적 단체를 구성하여 활동하였다고 조작했고, 고문 과정에서 자백을 받은 4명의 이름을 더하여 총 9명을 〈보안법〉을 어긴 범죄자로 만들었다. 이들이 읽은 오장환의 『병든 서울』은 1945년 작품으로 해방 정국에서 기회주의적 정치꾼들이 득실거리는 세상에 대한 분노를 표현한 시이다.

이들은 2007년 진실화해를위한과거사정리위원회로부터 재심 권고를 받아 전원 무죄 판결을 받았다.

시인이었던 이광웅 선생의 시비가 금강 하굿둑에 세워져 있다. 시비에 새겨진 「목숨을 걸고」에는 "이 땅에서 / 좋은 선생이 되려거든 / 목숨을 걸고 교단에 서야 한다."라는 구절이 있다. 마음 아리게 하는 구절이다. 퇴직하면 그의 시비를 한번 찾아가 봐야겠다.

당시는 참으로 엄혹한 시절이었다. 그 시절에 그렇게 희생된 사람들이 한 둘이 아니었다. 그렇게 끌려가도 아무도 잡아주지를 못했다. 누구도 잘못되었다고 소리 내어주지 못했다. 그냥 혼자였다. 나도 혼자서 이성부의 시를 읽고, 신동엽의 시를 읽었다. 그리고 정말 떨리는 가슴으로 가끔 학생들에게도 읽어주었다. 그러던 차에 1987년 6월 항쟁의 열기 속에 전국교사협의회(약칭 '전교협', 1989년에 전국교직원노동조합으로 전환)가 창립되었다. 정말 가슴이 뛰었다. 그 소문을 듣고 모임 장소를 수소문하여 내 발로 찾아갔다. 창립 취지문에는 '민족 · 민주 · 인간화 교육을 위해서'라고 밝히고 있다.

1988년에는 전국국어교사모임이 창립되었다. 그곳에도 가입하였다. 그리고 여수국어교사모임과 전남국어교사모임 창립을 주도하였다.

그때부터 나의 교직 생활의 색깔이 달라졌다. 이제 자신 있게 이성부의 시도, 김지하의 시도, 신경림의 시도, 조태일의 시도 수업시간에 읽어주고, 함께 감상할 수 있을 것 같았다. 어쩌면 민영의 「내가 너만 한 아이였을 때」의 내용 같은 세계를 꿈꾸었는지도 모른다.

내가 너만 한 아이였을 때
늘 약골이라 놀림 받았다.
큰아이들한테는 떼밀려 쓰러지고
힘센 아이한테는 얻어맞았다.

…

그러던 어느 날 나는 생각했다.
언제까지 이렇게 살아야 하나?
떼밀리고 얻어맞으며 지내야 하나?
그래서 나는 약골들을 보았다.

모두 가랑잎 같은 친구들이었다.
우리는 더 이상 비굴할 수 없다.
얻어맞고 떼밀리며 살 수는 없다.
어깨를 겨누고 힘을 모으자.

처음에 친구들은 주춤거렸다.
비실대며 꽁무니 빼는 아이도 있었다.
일곱이 가고 셋이 남았다.
모두 가랑잎 같은 친구들이었다.

…

한 마리의 개미는 짓밟히지만
열 마리가 모이면 지렁이도 움직이고
십만 마리가 덤벼들면 쥐도 잡는다.
백만 마리가 달려들면 어떻게 될까?

코끼리도 그 앞에서는 뼈만 남는다.
떼밀리면 다시 일어나자!
맞더라도 울지 말자!
약골의 송곳 같은 가시를 보여주자!

내가 너만 한 아이였을 때
우리나라도 약골이라 불렸다.
왜놈들은 우리 겨레를 채찍질하고
나라 없는 노예라고 업신여겼다.

한 명의 교사로서 할 수 없는 일을 교사들이 뭉치면 해낼 수 있을 것 같았다. 그래서 참교육도 하고, 교육 개혁도 해낼 수 있을 것 같았다. 모여서 참

교육 정보를 주고받고, 서로 도움을 주고, 의지가 되어주고 그러면서 꿈을 키웠다.

그러나 생각처럼 쉽지는 않았다. 보수 정권은 끊임없이 색깔을 입혀 탄압했다. '의식화 교육'이라는 말도 안 되는 굴레를 씌워 탄압하였다. 교사도 전교조 조합원과 지지자, 그리고 전교조 반대파로 나뉘어 반목해야 했다. 일부 사립 학교에서는 구사대가 결성되어 전교조 조합원을 괴롭혔다. 전교협이 전교조로 전환되자 교사는 노동자가 될 수 없다며, 전교조를 불법으로 몰았다. 그리고 탈퇴 각서를 요구하였다. 끝까지 탈퇴 각서를 쓰지 않은 교사 1,500여 명이 해직되었다. 수없이 눈물을 흘려야 했다. 나도 마지막까지 탈퇴서를 제출하지 않았다. 그런데 해직 통지서가 날아오지 않았다. 알아봤더니 내가 모르는 새에 학부모가 탈퇴서를 제출했기 때문이었다. 그때 나는 학교 분회 사무장직을 맡음과 동시에 고3 담임을 하고 있었는데, 학부모들은 학생들이 동요를 일으킬 것이 많이 걱정되었던 모양이다. 그래서 분회장의 탈퇴서와 내 탈퇴서를 몰래 써서 제출하였다고 사과하였다. 교장실에 가서 탈퇴서를 다시 환수해주라고 따졌지만, 학부모들이 사정하는 바람에 어쩌지를 못했다. 내가 맡은 고3 학생들이 걱정되는 것은 사실이었다. 당시에 해직 교사들이 담임으로 있는 학급 학생들의 소요가 실제로 많았다.

개인적으로 또 한 가지 큰 걱정이 있었다. 동생들이다. 아버지는 "잘 생각해라."라고 한마디 하실 뿐이었다. 그러나 동생들을 생각하면 쉽게 결단이 내려지지 않았다. 3년 전, 수년간 병석에 누워계시던 어머니가 돌아가시고 맏이인 내가 6명의 동생들을 뒷바라지하고 있었다. 아버지는 농사를 짓고 계시지만, 어머니 병원비로 진 빚을 감당하는 것도 어려우셨다. 바로 아래 여동생은 고등학교를 졸업하고 직장 생활을 막 시작하였고, 둘째 여동생은 고등학교를 졸업하자마자 아버지를 모시면서 농사일을 거들고 있었다. 그 아래 여동생들과 막내 남동생은 고등학교, 중학교에 다니고 있었다. 나는 월급을 받아서 기본 생활비를 제외하고 모두 동생들 학비로 보내야 했다. 해직된 동료 교사들을 생각하면서 눈물을 흘려야 했고, 가끔은 그들에게 뒷말을 들으면서 눈물을 삼켜야 했다. 글을 써놓고 보니 이런 얘기 하는 것이 마음 내키지도 않고 자존심도 상한다. 해직자 중에는 나보다 훨씬 힘든 처지였던 사람도 많았을 것이다. 그들에게 이따위 고백은 사치스러운 것이리라. 그러나 기록은 남겨야 할 것 같아서 지웠다 다시 올린다.

그렇게 전교조는 나의 교직 생활에 커다란 축복이기도 했지만, 예리한 칼이 되어 가슴을 후비기도 했다. 그 뒤로 누굴 만나서 웃고 싶지도 않았고, 시시덕거리며 얘기 나누기도 싫어졌다. 그 이후로 나는 '내가 할 수 있는 한 이익보다는 원칙을 지키며 살자, 도리에 어긋나지 않게 살자, 민주 교육과 인간화 교육을 실천하자.'라고 생각하며 그렇게 하려고 노력했다.

시간이 흘러 막냇동생까지 대학을 졸업하고 나자, 20여 곳에 가까운 기관에 기부금을 내면서 살아간다.

다만 안타까운 것은 민족·민주·인간화 교육과 참교육을 표방한 전교조의 색이 많이 바래고, 교사들의 열정도 많이 식어버렸다는 것이다. 그동안 신자유주의가 들어오고, 그에 맞춰 개인주의가 팽배해지면서 교육 운동은 많이 쇠퇴해버렸다. 독재 정권의 반복되는 탄압도 전교조 쇠퇴에 일조했을 것이다. 교사가 주체가 되는 교육 개혁의 꿈은 무너져 내렸다. 물론 피상적이고 지엽적인 변화는 그동안 많이 이루어졌다. 교무실의 분위기가 더 자유로워지고, 교실의 분위기가 더 유연해졌다. 학교에서 체벌이 사라지고, 촌지가 사라졌다. 그러나, 아직 교육의 본질적 틀을 바꾸지는 못했다. 누구의 탓일까? 교육의 통제하고 싶어 전교조를 탄압해온 정권의 탓인지, 그것에 저항할 생각을 접어버린 개인주의화 된 교사들의 탓인지, 그러한 교육을 받으면서도 자기 성공을 우선시하여 교육적인 모순을 외면한 학부모와 학생의 탓인지, 이는 더 연구해보아야 할 일이다.

4

교사의 중립성– 무입장은 아니다

교직은 정치 바람을 맞지 않는 안정된 직장이라고 한다. 그 말이 사실일까? 전교조를 결성했다고 1천5백여 명의 교사가 해직되었다. 그 외에도 현실 비판을 하다가 해직된 교사도 있고, 해직 교사 복직을 요구하다 해직된 교사도 있다. 시국 선언을 하였다고 징계를 받기도 하였다. 그래도 교직은 안정된 직장일까? 현실을 외면하고, 정권에 순종할 때만 그러하다. 정권이 만들어준 교과서를 주입하며 시키는 일만 하면 그러하다. 그게 바람직한 교사의 자세일까? 그것은 아니다.

그동안 참 유치하고 어리석은 일들이 많았다. 한때 정권은 전교조 교사들이 학생들을 의식화한다며 교사들의 입을 틀어막아 왔다. 그런데 학생들을 의식화하지 않은 교육이 있을 수 있을까? 인간의 모든 행동, 모든 언어는 의식이 반영되어 있다. 영혼이 없는 존재라면 모르겠지만 정상의 인간에게서 의식 없는 행동, 의식 없는 언어는 상상조차 할 수 없는 일이다. 누구를 칭찬하든 비판하든 모두가 화자의 의도가 반영되어 있고, 청자는 그 말에 담긴 의도를 분석하여 판단하게 된다. 의식화이다. 요컨대, 의도 없는 교육이 있을 수 없듯이, 의식화 없는 교육도 있을 수 없다. 그렇다면 왜 교사들이 학생들을 의식화한다며 입을 틀어막았을까? 교사들의 입을 틀어막으려 했던 것은 비판의 목소리를 막으려는 탄압이었을 뿐이다. 교사들에게 정의를 외면하게 하고, 학생들에게 공정함에 눈멀게 하려는 짓이었다. 이는 학생을 꼭두각시 국민으로 만들려는 부패한 독재 세력의 저의를 드러낸 것이다. 그러면서 교육은 중립을 지켜야 한다고 핑계 삼았다.

그런데 그런 전도된 논리가 많은 국민에게 먹혀들었다. 안타까운 일이지만 교사들에게도 마찬가지였다. 교사 중에는 한술 더 떠서 적극적으로 중립론을 펼치며 기회주의적 속내를 보이기도 하였다.

전교조 문제로 시끄러울 때 많은 교사가 '나는 중립이니까 어느 편도 들지 않는다'는 식으로 판단을 피해갔다. 과연 그게 가능할까? 어느 편도 들지 않는 것이 가치 중립일까? 가령 강도에게 어린 소녀가 폭행을 당하며 끌려가고 있는데 보고만 있는 것이 중립일까?

교육에서의 정치적 중립성은 본래 정치 권력으로부터 교육 자치권을 지키기 위한 이치에서 나온다. 이는 당파적 지배로부터 억압받거나 간섭받지 않기 위한 저항의 논리여야 한다. 그런데, 반대로 정치 권력이 교육을 지배하기 위해서 중립성을 제기했다. 정치 권력은 자신들의 입맛에 맞게 교육 과정을 구성하고, 교과서를 제작하여 주입하고, 그것을 다시 일제 고사를 통해 확인하면서, 그것에 대한 비판의 목소리를 틀어막으려는 수단으로 중립이라는 무기를 휘둘렀다. 즉 교사는 능동적인 판단은 하지 말고 시키는 일이나 잘 하라는 것이다.

본래 교육과 정치는 불가분의 관계일 수밖에 없다. 정치적 정책이 없는 교육이 있을 수 없고, 교육 없는 정치가 성공할 수 없다. 그래서 정치 권력은 교육을 장악하고, 자신들의 정파적인 관점을 주입하려 한다. 학교는 그러한 정파적 이익에 예속되지 않고, 고도의 전문적 판단과 양심을 가지고 교육하여야 한다. 그래서 중립성이 필요하다. 그렇기에 입장도 없고 방향도 없는 것을 중립성이라고 하지 않는다. 그것이야말로 정치 권력에 철저히 이용당하는 것이다. 정권이 만들어놓은 교육 과정과 교과서를 가지고 그 내용을 주입하면서 무입장, 무방향이 가능하다고 생각한다면 영혼이 없는 것이다. 정권에 의해서 선별되고 정리된 지식을 주입하면서 어찌 중립이라고 말할 수 있겠는가? 검정교과서 제도가 국정교과서 제도보다 상대적으로 더 자유롭다고 하지만 정부 권력의 통제를 받기는 마찬가지이다. 결국, 정권이 학교에 중립을 강요하는 것은 자신들이 정해놓은 기준대로 따르라는 말과 다름없다. 더 노골적으로 말하면 자신들의 뜻에 맞게 학생들을 세뇌하라는 말과 같다. 그걸 어찌 중립이라 할 수 있겠는가?

모든 인문학은 물론 자연 과학도 마찬가지이다. 인류의 삶과 관련 없는 자연 과학이 어디 있겠으며, 방향성 없는 과학이 어디 있겠는가? 결국, 과학적 지식도 어떤 세력의 필요성에 의해 선별된 것이다. 하지만 그러한 선별은 과학적 지식이 가치 중립적이라는 핑계로 해당 지식의 방향성 속에 담긴 가치를 배제하거나 묵인하게 된다.

중국의 사서에 나오는 '중용'을 얘기하며 무입장을 옹호하는 사람도 있다. 그러나 어느 편도 들지 않는 것을 '중용'이라고 말하는 것은 문자만 알고 그 뜻을 전혀 모르는 소치이다. 중용에서 '중'은 희로애락지미발(喜怒哀楽之未発)이라 했다. 일체의 사적이고 이기적인 편향이 개입하지 않은 판단을 말하는 것이다. 정의의 여신 디케가 눈을 가리고 있는 이유와 통할 것이다. 눈을 가리고 있다고 판단을 하지 말라는 것이 아니라 정의로운 판단을 하라는 것이다. '중'은 기계적 가운데를 말하는 것이 결코 아니다. 이익과 손해에 흔들리지 않고 지극히 정의롭고 진실하게 판단하고 선택하는 것이 '중'이다.

그것을 알고서도 무입장, 무방향을 주장하는 것은 결국 지배 권력의 입장에 순응하는 것이나 마찬가지다.

그렇다면 정치 권력으로부터 교육을 지키기 위한 중립성은 어떻게 가능할까?

교육은 진실을 가르치는 것이다. 그런데 그 진실은 교사의 고도의 전문성과 양심에 의해 판단되어야 한다. 교육 내용이 정권의 당파적 기준에 의해 평가되고 판정되어서는 안 된다. 이는 교사의 정치적 중립성이 보장되지 않으면 불가능한 일이다. 교사의 중립성은 교사의 정치적 자각과 능력을 억누름으로써 확보되는 것이 아니라 되레 그것을 신장시킴으로써 확보될 수 있다.[17]

교육이 정권에 종속되는 것을 막기 위해서는 교사의 정치적 자각을 높이고 '비판적 저항 능력'을 길러야 한다는 뜻이다. 물론 교사는 옳고 그름을 판단하는 능력을 기르기 위한 노력을 게을리하지 않아야 한다. 그래서 교사는 철학을 하여야 하고, 역사의식을 가져야 한다. 교사는 미래 사회를 주도할 인간을 키워야 하니까.

---

17) 물론 교사의 정치적 자유는 당파적 자유를 의미하지는 않는다. 그것은 교육의 중립성을 지키기 위한 자유이어야 한다. 시민으로서는 어떤 정파를 지지하건 자유이지만, 교사로서는 정파적 태도를 스스로 억제해야 한다. 독일의 보이텔스바흐 협정과 같은 합의안의 도입도 참고할 만하다.

5

왜 교사가 시민 단체 활동을?

모든 교육 행위의 배경에는 항상 '학생들을 위해서'라는 이유가 붙는다. 학생들을 위해서 이른 새벽부터 깊은 밤까지 학교에 남겨서 공부를 시키고, 학생들을 위해서 머리끝에서 발끝까지 복장을 통제하고, 학생들을 위해서 일등부터 꼴찌까지 성적을 매겨 방을 붙인다고 그랬다. 학생들을 위해서 매로 종아리를 때리고, 학생들을 위해서 선착순을 시키고, 학생들을 위해서 단체로 의자를 들고 서 있게 했다. 나도 그런 교육을 받았었고, 또 내가 교사가 되어서도 한동안 그렇게 했다. 정말로 그게 학생들을 위한 것이라고 생각했다. 모두가 눈에 드러나는 비인간적 교육 행위들이었다. 그런 일들이 20세기까지 행해졌다는 것 자체가 그동안 우리의 교육에 민주성이 부족했다는 것을 보여주고 있다.

세월이 흘러 그런 모습은 거의 없어졌다. 대부분 학교에서 자율 학습은 진짜 희망자만 하고, 체벌은 거의 없어졌다. 교복도 전보다 자유로워졌거나 통제 밖에 있다. 다행스러운 일이다. 이제는 학생의 인권이 교문 앞에서 멈춘다는 생각이 조금씩 바뀔 수도 있는 토대가 마련되고 있는 것 같다.

그러나 사라지지 않는 것이 있다. 사실은 이게 다른 모든 것보다 영향력이 클 수도 있다. 성적으로 경쟁시키고, 줄 세우는 일이다. 그리고 낙인을 찍어버린다. 교사들은, 누구나 노력하면 경쟁에서 이길 수 있다고 하지만 한 번만 더 생각해보면 가당치도 않은 말이다. 정말로 성적이 낮은 이유가 노력하지 않았기 때문일까? 학교에서 학생들을 둘러보라. 부모가 밤낮으로 벌어서 학원까지 보내주는데도 석차가 쉽게 오르지 않아서 죄의식 속에 살아가는 학생들을 쉽게 볼 수 있다. 아무리 노력해도 1등은 한 명이고, SKY의 입학 정원은 정해져 있다. 내가 오르려면 다른 사람이 내려와야 한다. 그런데 그 다른 사람도 내려올 생각이 없다. 요즘은 초등학교 때부터 아이들끼리 일류대에 갈 사람과 못 갈 사람을 나누어 인식한다고 한다. 일류대에 못 갈 사람은 어떻게 해야 할까? 수업시간에 무작정 잠만 자는 학생들이 있다. 억지로 깨워놓아도 성적은 오르지 않는다. 시험 시간에도 시험지는 읽지도 않고 답안 표기부터 하는 학생들이 있다. 그래도 자존심을 접고 학교는 꼬박꼬박 출석하니 고맙기만 할 뿐이다. 그게 현실인데 일등을 하지 못하는 아이들에게 누구나 노력하면 경쟁에서 이길 수 있다는 말은 가당치도 않을 뿐만 아니라 상처만 줄 수도 있다.

노력이라는 것은 희망이 있을 때 가능하다. 현실적으로 자신의 노력으로 성공할 가능성이 보일 때 노력하라는 말은 힘을 가진다. 가능성도 없는데 무작정 희망을 가지라고 하는 말은 허망하고 무책임하다.

여기서 교사는 딜레마에 빠질 수밖에 없다. 노력하라는 말과 성공할 수 있다는 말이 비례 관계가 될 수 없기 때문이다.

어떤 일을 하든 차별당하지 않고 보람을 얻을 수 있다면 얼마나 좋을까? 그래야 자기 적성을 찾아 자유롭게 노력해보라고 말할 수 있지 않겠는가. 대기업과 중소기업, 원청 기업과 하청 기업, 정규직과 비정규직, 전문직과 일반직 간의 차별이 유럽의 여러 국가처럼 심하지 않다면 말이다.

내가 시민운동에 나선 이유도 그것 때문이다. 학교에서 학생들에게 아무리 노력하라고 해보아야 학생들을 행복하게 해줄 방법은 없다. 입시 제도를 바꾸면 학교에서의 경쟁을 조금은 느슨하게 할 수는 있겠지만 사회적 불평등이 극심해서는 근본적인 해결 방법이 되지 못한다. 그래서 직접 사회 개혁을 위해, 사회 민주화를 위해, 평등한 세상을 위해 사회 운동에 참여하게 되었다. 학생들이 사회에 나가서 어떤 일을 하든 행복해하며 살 수 있다면, 그래서 학생들이 학교에서 성적으로 상처 입지 않을 수 있게 된다면 좋겠다는 생각으로 사회 운동에 참여하게 된 것이다.

물론 나 혼자 힘으로 할 수 있는 것은 없다. 그래서 함께 노력하면 조금씩 조금씩 변화하는 모습을 볼 수 있을 것이란 희망을 가지고 사회 운동에 참여하게 됐다. 얼마 전 조동화의 「나 하나 꽃피어」라는 시를 보았다.

나 하나 꽃 피어
풀밭이 달라지겠느냐고
말하지 말아라
네가 꽃 피고 나도 꽃 피면
결국 풀밭이 온통
꽃밭이 되는 것 아니겠느냐.

나 하나 물들어
산이 달라지겠느냐고도
말하지 말아라
내가 물들고 너도 물들면
결국 온산 활활
타오르는 것 아니겠느냐.

내 마음이 그런 마음이다. 또한, 나는 아무것도 안 하면서 친일파를 비판하고, 정치인을 비판하는 것은 아무래도 이중적인 것 같아 사회 운동에 참여하였다. 다행히 우리 사회가 조금씩은 나아지는 것 같아 희망을 가진다. 2016년 그 추운 겨울에 촛불 집회에 빠지지 않고 참석했던 것도, 자비로 서울에까지 간 것도 그러한 희망을 가졌기 때문이다.

그러나 우리 사회가 정치 민주화만큼 경제 민주화는 이루어지지 못하고 있다. 일부는 자본주의사회이니까 그게 당연한 게 아니냐고 얘기한다. 그러나 당연한 것은 없다. 처음부터 자본주의 국가든 사회주의 국가든 틀이 정해져 있는 것은 아니다. 그 틀은 국민이 만들어가는 것이다. 나는 북유럽의 복지 국가를 꿈꾼다. 수입이 많은 사람이 세금을 조금 더 내서 경제 능력이 부족한 사람도 불안감 없이 살아갈 수 있다면 좋지 않겠는가. 대기업과 중소기업 혹은 자영업, 정규직과 비정규직, 원청기업과 하청기업 간에 소득 격차가 나지 않는다면 굳이 욕먹어가며 내 것만 챙기려 하고, 내 자식만 챙기려 하고 그럴 필요는 없을 것이다. 실제로 북유럽 대부분 나라는 대기업과 중소기업, 원청과 하청의 임금 격차가 10% 내외라고 한다. 오히려 정규직보다 비정규직의 임금이 더 많다는 나라도 있다.

어떤 이는 차이가 없으면 경쟁이 없어지고, 경쟁이 없어지면 발전이 없어지지 않겠느냐고 하는 사람도 있다. 그렇다면 유럽은 진즉 후진국으로 쇠퇴했어야 한다. 그러나 그들은 계속해서 성장하고 있다. 공동체에 대한 신뢰와 그를 토대로 한 사회적 책임감이 그런 사회를 만들지 않았나 싶다. 받은 만큼 주는 것, 내가 다른 사람의 도움으로 무료 교육을 받고 사회적 혜택을 받고 있으니, 나도 다른 사람을 위해 봉사하겠다는 마음이 자연스럽게 사회 현상으로 자리 잡지 않았나 싶다.

유럽 사회를 조명한 책들을 보면 의사와 빵 가게 주인의 수입이 크게 차이 나지 않고, 대학 총장이나 시장이 자전거로 출퇴근을 하는 그런 모습이 자연스럽다. 그리고 자신이 하는 일에 만족하며 행복해하는 비율이 우리보다 훨씬 높다. 그래서 교사들도 자신 있게 학생들의 적성을 찾아 진로를 권유할 수 있다. 학생들은 진로를 결정하기 전에 충분한 체험을 해보고, 자신이 행복하게 할 수 있는 진로를 선택한다. 사회적으로 체험할 수 있는 구조가 갖추어져 있고, 지원되기 때문에 가능한 일이다.

우리나라도 1인당 국민소득이 3만 달러를 넘어섰다. OECD 국가 중에서도 10위권을 넘나들고 있다. 사회적 인식만 바뀌면 북유럽에 가까운 복지사회를 만드는 것이 불가능하지 않다. 이제 지금까지의 고정관념에서 벗어나 새로운 세계로 도약해야 한다. 언제까지 과거에 얽매여 답습만 하고 살아가려는가? 미래는 달라져야 한다.

미래를 변화시키기 위해서는 지금 학생들이 다른 교육을 받아야 하고, 그러기 위해서는 교사들이 변해야 한다. 인간에 대한 교육은 교과서 속의 지식만으로 이루어지지 않는다. 교사들이 더 넓게, 더 멀리 세상을 볼 수 있어야 하는 이유다. 교육은 백년지대계라 했다. 그런데 지금의 교육은 과거의 답습이다. 이제라도 교육이 과거를 주입하는 방식에서 벗어나 미래를 설계하고 꿈꾸게 해야 한다. 이제 과거를 주입하고 그것으로 모든 학생을 줄 세워서 삶을 황폐화하는 경쟁 교육이 정상적인지 성찰할 때가 되었다. 물론 학교가 변한다하더라도 모든 문제가 해결될 수 있는 것은 아니며, 사회 구조가 바뀌지 않고 학교만 변할 수 있는 것도 아니다.

내 제자만 일류대에 합격시키면 된다고 생각하는 교사의 인식도 바뀌어야 하고, 내 자식만 출세하면 된다고 생각하는 학부모의 인식도 더불어 바뀌어야 한다. 그리고 같이 사회 개혁을 요구해야 한다. 그래서 학생들에게 친구를 밟고 올라서게 하는 교육이 아니라, 함께 어깨 걸고 나아가게 하는 교육을 할 수 있어야 한다. 함께 행복할 수 있는 사회를 꿈꾸게 해야 한다. 그런 사회를 설계하고 건축하기 위해서는 교사도 학부모도 사회 변화를 위해 싸워야 하지 않겠는가? 그게 궁극적으로 학생들을 위한 것이고, 자녀를 위한 것 아니겠는가?

아무도 말하지 않으면 아무것도 변하지 않는다. 나부터 말하기 시작해야 한다. 그것이 바로 내가 사회 운동에 참여하는 이유이다. 교사이기 전에 대한민국 시민으로서 의무이기도 하니까.

6 교시

퇴직의 변

40년의 교직 생활을 마감하려 한다. 정년퇴직까지 1년 남았지만, 여러 가지 생각해보니 여기서 그만두는 것이 좋을 것 같아서 결심하게 됐다. 3~4년 전부터 퇴직을 생각해왔지만, 어쩌다 보니 올해까지 왔다.

지난해부터는 교직 생활을 정리하면서 그간의 경험을 책에 담아보려 담임을 사양하고 준비를 했지만, 게으른 탓인지 이일 저일 발을 딛고 다닌 탓인지 올 2학기부터야 손을 대 겨우 이 수준의 졸작을 엮게 되었다. 어찌 서운함이 없겠는가. 그래도 서운한 마음이 남아있을 때 그만두는 것이 좋지 않겠나 싶어 마음을 다잡았다. 나이 먹어서 밀려나는 것이 아니라, 내가 그만두고 싶을 때 그만두는 것도 좋을 듯하여 퇴직을 더 확고히 결정하였다. 그러고 보면 끝까지 싸가지가 없는 놈이다.

사실 수업을 더 하고 싶다. 아이들과 어울리고 싶다. 아이들 얘기를 들어보면 앙증맞다. "매점에 앉아서 먹을 공간이 없어요, 교복이 불편해요, 담배 피우는 학생들 때문에 담배 냄새 싫어요, 체육관 샤워실 상시 개방 좀 해주세요, 점심시간 늘려 주세요."

이런 얘기뿐이 아니다.

"선생님, 한 시간만 자면 안 돼요?, 첫사랑 얘기해주세요, 저 친구가 노래 부르고 싶대요, 시험 범위 좀 줄여주세요, 문제 좀 쉽게 내주세요, 시험 없는 나라에서 살고 싶어요."

가끔은 꽤나 수준 높은 사회적 통찰과 정치 비판에 관한 얘기들도 쏟아져 나온다.

이런 얘기들이 다 아이들다움으로 들려온다. 학교 아니면 들을 수 없는 얘기들이다. 이런 얘기들도 내년부터는 들을 수 없을 것이다. 아이 중에는 참 못돼먹었다 싶은 경우도 있다. 그러나 대부분은 착하고 순박하다. 아무리 되바라져도 어른들보다는 낫다. 그리고 그 되바라진 것도 다 어른한테 배운 것이지 어디서 배웠겠는가. 웃어주고 조용히 불러서 "아까 그 얘기 때문에 내가 기분이 나쁘더라."라고 얘기하면 대부분 미안해하고 사과한다. 왜 젊었을 때는 그렇게 못했을까? 젊었을 때는 윽박질러 굴복시키려 했다. 이걸 깨달으니 그만둘 나이가 되었다. 끝 무렵에라도 아름다운 추억들을 담고 떠나게 되어서 행운일 따름이다.

특히 마지막 근무지인 여천고에선 아름다운 추억이 많다. 1991년일 것이다. 1교시 수업을 진행하고 있는데, 학생이 외출 좀 하겠다는 것이다. 참 생뚱맞았다. "왜?"라고 물으니 친구가 저 아래서 자취하고 있는데 아직 학교에 오질 않아 걱정돼서 수업을 못 듣겠다는 것이다. 두말없이 "그래 바로 가 봐라."라고 허락하였다. 서둘러 나가는 모습이 얼마나 아름답던지.

또 이런 일도 있었다. 그땐 전교조가 결성된 지 얼마 되지 않았을 때라 담임에서 늘 제외되었다. 그래서 교무실 앞 화단과 시멘트 길 청소 지도를 하였다. 청소 당번 아이들이 청소 시간에 늦게 오고, 게으름을 피우고 그러기에 아무 말 없이 직접 비를 들고 청소를 하였다. 그러자 학생들이 찾아와서 정말 난처한 표정을 지으며 "죄송합니다. 다음부터는 정말 깨끗이 잘하겠습니다."라는 말을 계속하며 사과하였다. 정말 그 뒤부터는 잔소리 한마디도 할 필요가 없었다. 그렇게 착한 아이들을 만난 게 얼마나 행운인가?

그 외에도 초임의 투박함을 다 받아주었던 삼일중 제자들, 젊은 열정으로

같이 부대꼈던 순박한 화양고 제자들, 청운의 꿈을 불태우던 여수여고 제자들, 생동감 넘치면서도 학교 생활을 실속 있는 추억으로 만들어가던 부영여고 제자들, 귀엽고 발랄하던 진남여중 제자들 모두 참 좋은 인연이었다. 그중에는 정말 고마운 제자들도 있고, 아주 미안한 마음이 드는 제자들도 있다. 모두 내 인생의 조각들이다.

내가 실수하고 때로는 말을 함부로 해도 모두 받아주시고 이해해주신 선생님들을 만난 것도 행운이다. 감사드린다.

책을 마무리하려고 하니 못다 한 얘기가 주마등처럼 머리를 스치고 지나간다. 그러나 하고 싶은 얘기를 다 할 수 있겠는가? 처음 계획했던 대로 여기서 멈추자.

시행착오, 두려워 말라!

저　　자 이현종

1판 1쇄 발행 2021년 02월 04일

저작권자 이현종

발 행 처 하움출판사
발 행 인 문현광
교　　정 윤혜원
편　　집 이정노
주　　소 전북 군산시 수송로 315, 3층 하움출판사
I S B N 979-11-6440-747-7
홈페이지 http://haum.kr/
이 메 일 haum1000@naver.com

좋은 책을 만들겠습니다.
하움출판사는 독자 여러분의 의견에 항상 귀 기울이고 있습니다.

· 값은 표지에 있습니다.
· 파본은 구입처에서 교환해 드립니다.
· 이 책은 저작권법에 따라 보호받는 저작물이므로 무단전재와 무단복제를 금지하며,
　이 책 내용의 전부 또는 일부를 이용하려면 반드시 저작권자와 하움출판사의 서면동의를 받아야 합니다.